Rashid Jehangiri

Factores críticos de sucesso para a implementação da TQM

Rashid Jehangiri

Factores críticos de sucesso para a implementação da TQM

Uma análise crítica

ScienciaScripts

Imprint

Any brand names and product names mentioned in this book are subject to trademark, brand or patent protection and are trademarks or registered trademarks of their respective holders. The use of brand names, product names, common names, trade names, product descriptions etc. even without a particular marking in this work is in no way to be construed to mean that such names may be regarded as unrestricted in respect of trademark and brand protection legislation and could thus be used by anyone.

Cover image: www.ingimage.com

This book is a translation from the original published under ISBN 978-620-2-30044-5.

Publisher:
Sciencia Scripts
is a trademark of
Dodo Books Indian Ocean Ltd. and OmniScriptum S.R.L publishing group

120 High Road, East Finchley, London, N2 9ED, United Kingdom
Str. Armeneasca 28/1, office 1, Chisinau MD-2012, Republic of Moldova, Europe
Printed at: see last page
ISBN: 978-620-3-56774-8

Conteúdo

SOBRE O AUTOR

Rashid Jehangiri tem 20 anos de experiência responsável com um sólido registo de realizações tanto no mundo profissional como académico. Trabalha como diretor-geral no concessionário da Caterpillar. É também membro convidado do corpo docente da Universidade do Punjab, uma das mais antigas universidades do mundo. É engenheiro mecânico de profissão, fez um mestrado em administração de empresas e está atualmente a fazer um doutoramento em gestão da qualidade total. Concluiu projectos internacionais de produção de energia como gestor de projectos, tendo trabalhado com uma força de trabalho diversificada e em ambientes desafiantes.

Ao meu avô "Janji", que foi um farol em cada um dos passos da minha viagem. Foi sempre uma inspiração e um oceano de sabedoria

PREFÁCIO

Este livro destina-se a gestores de diferentes indústrias que pretendam estudar vários factores críticos de sucesso, úteis para implementar a gestão da qualidade total nas suas organizações. A gestão da qualidade total é uma metodologia e filosofia que está a ser utilizada por vários gestores para aumentar a produtividade e eliminar custos desnecessários. Isso acaba por conduzir a um melhor envolvimento dos trabalhadores, à satisfação dos clientes e ao desempenho organizacional. Os QCA são fundamentais para o sucesso financeiro de qualquer organização. Com a pressão para a mudança e a introdução da qualidade nas organizações, para além dos QCA, os modelos de gestão da qualidade total e os seus quadros, especialmente as normas ISO 9000, são revistos com os problemas identificados em estudos anteriores. Este livro oferece uma oportunidade para estudar os factores mais necessários para os programas de melhoria contínua das organizações. Este livro também será útil para estudantes de gestão que queiram fazer parte dos departamentos de fabrico e marketing na sua vida prática. Uma vez que todas as indústrias se esforçam por manter a qualidade e cumprir as normas, este livro analisa sistematicamente todos os factores críticos de sucesso considerados necessários para uma implementação bem sucedida da TQM. Em suma, o céu é o limite para a excelência organizacional.

CAPÍTULO 1

Conceitos de TQ e QM

Segundo Gravin (1984), a qualidade é uma ideia desconcertante e multifacetada, com definições diferentes e frequentemente confusas. Além disso, é a fonte de grande desordem, os gestores, especialmente os que exercem várias funções, muitas vezes negligenciam a transmissão correta do que entendem por este termo. Bednar & Reeves, (1994) argumentam que a procura de uma definição de qualidade universalmente aceite deu origem a resultados contraditórios. Por exemplo, não prevalece uma definição mundial; em vez disso, várias definições de qualidade são aceitáveis em várias condições. Gravin (1984) identificou as cinco principais dimensões que conduziram à definição de qualidade, a saber: "A abordagem transcendente da filosofia, a abordagem económica baseada no produto, a abordagem económica baseada no utilizador, o marketing e a gestão de operações, as abordagens da gestão de operações baseadas no fabrico e no valor". De acordo com Bednar & Reeves (1994), as definições de qualidade também variam no que respeita à sua utilidade para os gestores. A qualidade é definida como a excelência que pode proporcionar uma forte motivação a uma força de trabalho. Para além disso, o termo qualidade pode também ser caracterizado como um valor, ou conformidade com normas que podem levar uma empresa a concentrar-se na eficiência. Por outro lado, a qualidade é também definida como a satisfação ou potencialmente a superação das expectativas, o que leva a gestão a manter-se actualizada em relação às mudanças nas preferências dos clientes. Estes estudos destacaram, a partir da base da qualidade, a origem de um novo termo TQ, visto por alguns como uma extensão da gestão científica, por outros em termos da teoria dos sistemas, e por outros ainda como um paradigma totalmente novo para a gestão (Spencer, 1994). Além disso, Spencer, (1994) inspeccionou as semelhanças e contrastes entre a qualidade total e três modelos de organização: "mecanicista, organísmico e cultural". Descobre semelhanças entre a TQ e um conjunto surpreendentemente diversificado de pontos de vista teóricos. O fórum de desenvolvimento de teorias reflecte sobre a qualidade total e a teoria da gestão, tanto a nível mundial como a nível de tópicos específicos (Dean & Bowen, 1994). A qualidade total é uma maravilha hierárquica omnipresente que tem sido pouco considerada na investigação. A QT é uma racionalidade ou um aspeto da gestão, que pode ser retratada pelas suas normas, práticas e estratégias, ou seja, a orientação para o cliente, a melhoria contínua e a colaboração dos membros da equipa. A TQ era virtualmente idêntica à "teoria da gestão" que inclui a gestão de topo, a liderança e a gestão dos recursos humanos, tais como o envolvimento dos trabalhadores, a utilidade das equipas, a análise das necessidades de formação e a avaliação, o percurso profissional na escada empresarial e o planeamento estratégico da qualidade (Dean & Bowen, 1994). Numerosos estudiosos da gestão consideraram as actividades de qualidade como excessivamente modistas e superficiais, impossibilitando-as de merecerem um exame sustentado. A gestão da qualidade foi "um marco importante para os teóricos da gestão" (Dean & Bowen, 1994). Os gurus do estudo da qualidade mantiveram um monopólio virtual sobre a compreensão e a análise deste domínio (Wilkinson e Wilmott, 1995). A gestão da qualidade (QM) - especificamente a TQM - foi aceite pelas empresas (Yong e Wilkinson, 1999). Noutro estudo, a GQ foi caracterizada como uma "filosofia ou uma abordagem à gestão" constituída por um "conjunto de princípios que se reforçam mutuamente, cada um dos quais apoiado por um conjunto de práticas e técnicas" (Dean e Bowen, 1994). A melhoria contínua da filosofia da GQ pode ser reforçada pela adoção da "gestão por processos", que pode recorrer a algumas estratégias, por exemplo, o controlo e a análise estatística dos processos (Sousa & Voss, 2002).

Ao aprendermos os conceitos de TQ e QM, temos tendência a combinar estes dois conceitos para definir um novo termo que é TQM. A TQM era uma forma sistémica de lidar com as práticas de gestão, exigindo mudanças nos processos organizacionais, nas principais implicações estratégicas, nos valores individuais, nas atitudes e, em última análise, nos comportamentos (Spencer, 1994). Spencer, (1994) explicou que a TQM foi considerada, não como um novo paradigma, mas como uma prática de gestão total que capta sinais da estrutura estabelecida de uma empresa e que os amplia através de uma técnica de utilização. A gestão da qualidade total (TQM) estudada em relação aos modelos mecanicista, organísmico e cultural da organização é uma intenção de alinhar o fosso entre a prática da TQM e a teoria da gestão (Spencer, 1994). Estes modelos foram tidos em conta porque fornecem analogias diversas, para explicar as formas de gestão das empresas.

Alguns indivíduos podem optar (intencionalmente ou não) por aplicar a TQM de forma "mecanicista", especialmente porque a consideram como um conjunto de normas, utilizam a hierarquia de liderança para rever e controlar os exercícios estáticos da empresa. Dão mais importância aos processos do que aos clientes, ou dão uma atenção especial à eficácia da empresa. Tal como o "modelo mecanicista de gestão clássica", o "modelo organísmico" espera que a empresa esteja orientada para um objetivo específico e que os trabalhadores subordinem os seus interesses para impulsionar o objetivo comum. No final do dia, está frequentemente ligado ao resultado final de uma organização. As novas ideias revolucionárias da TQM derivam da "teoria dos sistemas" e do "modelo organísmico". As práticas de TQM não abandonam o "modelo mecanicista" e adoptam o "modelo organísmico"; em vez disso, contêm componentes de ambos (Spencer, 1994).

Historicamente, os fundadores definiram "qualidade como valor, conformidade com as especificações, conformidade com os requisitos, adequação ao uso, prevenção de perdas e satisfação e/ou superação das expectativas dos clientes" (Gravin, 1984). As ligações hipotéticas entre os factores mudam quando são utilizadas diversas definições (Bednar & Reeves, 1994).

Este estudo tem algum fundamento, uma vez que as actividades de qualidade foram consideradas como tendo lugar em setenta e cinco por cento dos EUA e do Reino Unido

(Wilkinson e Wilmott, 1995). A TQM transformou-se num desenvolvimento social (Hackman e Wageman, 1995). Além disso, a TQM tornou-se questionável, algo sobre o qual os indivíduos discutem o valor e o efeito. Os especialistas em TQM tinham uma orientação filosófica típica e ofereciam um conjunto de valores fundamentais sobre indivíduos, empresas e processos de mudança. (Hackman & Wageman, 1995). A maioria dos investigadores de gestão, que reagiram ao apelo à investigação sobre a TQM, centraram os seus esforços teóricos no aperfeiçoamento das definições de TQM (Zbaracki, 1998). Nwabueze (2001) referiu-se a uma análise do trabalho dos gurus da qualidade da seguinte forma: a filosofia de Crosby para "a qualidade é a conformidade, a prevenção, zero defeitos e o preço da não conformidade", a filosofia de Juran era "planeamento da qualidade, controlo da qualidade e melhoria da qualidade" e a filosofia de Deming era que todos devemos trabalhar em equipa, utilizar técnicas estatísticas na tomada de decisões e que todos os membros de uma organização devem estar obcecados com a qualidade. Os especialistas em TQM insistem frequentemente no controlo das actividades e não nos rendimentos. Para controlar os procedimentos, os praticantes de TQM começam com "diagramas de fluxo". Qualquer metodologia que não acrescente valor (por exemplo, chamadas telefónicas adicionais ou assinaturas necessárias), e quaisquer movimentos que sejam inúteis (por exemplo, inclinar-se, passear e aproximar-se), são erradicados.

Problemas relacionados com a revisão, que foi extraída porque nenhuma definição única de qualidade era a "melhor" em situações variadas (Bednar & Reeves, 1994). Outra questão foi a do âmbito: investigadores de quatro ordens "filosofia, financeira, económica, marketing e gestão de operações" debruçaram-se sobre o assunto, mas cada grupo viu-o de um ponto de vista alternativo. A "filosofia" concentrou-se nas questões de definição; a "economia", no aumento dos lucros; o "marketing", nos factores determinantes do comportamento de compra e da fidelidade do consumidor; e a "gestão de operações", nas práticas de conceção e no controlo da produção (Gravin, 1984). A qualidade foi medida de forma mais absoluta quando caracterizada como "conformidade com as normas"; foi mais difícil de avaliar quando caracterizada como uma excelência (Bednar e Reeves, 1994). Cada definição tem prós e contras em relação aos critérios, por exemplo, medição e generalização, utilidade para a gestão e importância para o cliente (Wilkinson e Wilmott, 1995). O principal contraste entre a TQ e a "teoria da organização" está nos seus públicos (Wilkinson & Wilmott, 1995). Enquanto a TQ se dirige geralmente ao nível dos gestores, a teoria é coordenada para os investigadores (Boaden, 1996). A estreita correspondência entre os escritos da TQ e da teoria das organizações na investigação em GRH pode refletir o facto de a GRH se preocupar com valores "instrumentais" mais proeminentes. No entanto, houve essencialmente prescrições variadas nos domínios da seleção, avaliação do desempenho e remuneração (Dean & Bowen, 1994).

A TQM pode ser entendida como uma alternativa, centrada numa bateria comum de princípios de gestão, extraídos de uma base estatística e, ao nível mais baixo, apenas mais uma moda de gestão. A TQM não estava "morta", mas sim que as normas geralmente reconhecidas como os seus preceitos fundamentais não são todas novas para a TQM (Boaden, 1996). Os investigadores organizacionais acabam por pensar em definições difusas e vagas de TQM (Zbaracki, 1998). A TQM tem um desses problemas, particularmente pela forma como foi, que uma intercessão especializada sensivelmente muito caracterizada e construída como a TQM pode transformar-se numa intercessão pouco clara e, por vezes, duvidosa (Hackman & Wageman, 1995). De acordo com Hackman e Wageman (1995), era quase como se existissem duas variantes de TQM. Uma TQM, a TQM técnica, junta-se a algumas intercessões organizacionais genuinamente caracterizadas que têm padrões claros para a utilização e investigação de dados.

Uma segunda TQM, de carácter retórico, parece veicular o tipo de abundância retórica que se preocupa com o facto de a TQM atingir um valor institucional ao fim de algum tempo, uma vez que se torna o método reconhecido para fazer as coisas. De acordo com Yong & Wilkinson (1999), os obstáculos à realização da gestão da qualidade total são a falta de uma liderança de alto nível, a falta de uma estratégia ou visão a longo prazo, a falta de tempo, a falta de recursos e de infra-estruturas, a falta de ação e de coerência, a falta de empenhamento dos quadros intermédios e o receio dos trabalhadores da linha da frente.

A investigação crítica demonstra que todas as definições de qualidade têm desvantagens para os gestores: a excelência tem restrições na orientação prática e o valor e a qualidade retratam normalmente conceitos diferentes. A conformidade com as normas pode levar os supervisores a concentrarem-se na produtividade interna, ignorando a viabilidade externa, e a compreensão e a medição dos desejos dos consumidores são complicadas (Bednar & Reeves, 1994). Para investigadores e especialistas, a compreensão da ideia de qualidade é mais do que uma questão filosófica. A qualidade multifacetada e os diferentes pontos de vista relacionados com a ideia de qualidade tornaram os avanços teóricos e de investigação fastidiosos. As limitações da definição histórica de qualidade de Crosby são os sistemas de produção inadequadamente compostos, fora do controlo dos trabalhadores. As estratégias de Juran eram, na sua maioria, convencionais e antiquadas, não conseguindo lidar suficientemente com os factores humanos da organização, especialmente as questões sociais e políticas, e Deming negligenciou a contextualização num quadro holístico claro para a implementação da TQM (Nwabueze, 2001). A procura de uma definição universalmente aceite de qualidade e de uma declaração de relações semelhantes às leis não teve êxito. O exame empírico e concetual será necessário para lidar com as distinções entre as diferentes posições da TQM e da teoria da gestão por parte da gestão da qualidade.
Os académicos consideram que o tratamento de dados é útil em geral, embora possa ser supérfluo ou mesmo arriscado em determinadas circunstâncias (Dean & Bowen, 1994).

O principal objetivo desta revisão foi centrar-se nas "questões relacionadas com a qualidade" e desenvolver ideias úteis tanto para a investigação como para a prática, combinando conhecimentos da TQ e da "teoria da gestão". Os investigadores devem também envidar esforços no sentido de uma normalização dos termos de definição. Por exemplo, foram utilizados numerosos termos para "práticas", tais como "factores", "constructos de implementação" e "intervenções" (Hackman e Wageman, 1995). Hackman e Wageman (1995) constataram igualmente que muitas práticas de gestão contemporâneas, como o envolvimento e a responsabilização dos trabalhadores, estavam a ser aplicadas como se fossem sinónimos de TQM. A elevada taxa de insucesso da TQM, em termos práticos, deveu-se a problemas na aplicação prática das componentes essenciais dos conhecimentos dos gurus da qualidade, que não reflectiam o mundo real (Nwabueze, 2001). Spencer, (1994) mostrou que os símbolos básicos, por exemplo, os "diagramas de espinha de peixe" e os "fluxogramas", podem possivelmente mudar a forma como os indivíduos da empresa abordam os problemas e compreendem os problemas da empresa e a investigação sobre a prática da TQM pode possivelmente aumentar a compreensão destes modelos de gestão. Duas outras "intervenções - benchmarking competitivo" e "envolvimento dos trabalhadores" foram fortemente associadas à TQM. Na realidade, é extremamente difícil fazer bem este tipo de investigação, por muitas razões. Questões genuínas de medição relacionadas com ficheiros normalizados, influências exógenas perturbadoras e questões transitórias. Estes três desafios podem tornar extremamente difícil descobrir, de forma factual, os impactos imediatos da TQM nas medidas mundiais de resultados organizacionais. A investigação sobre os impactos da TQM concentrou-se, em grande medida, nos resultados globais. Os resultados têm sido inequivocamente positivos. A TQM tem merecido mais atenção por parte dos profissionais do que dos investigadores (Hackman e Wageman, 1995). Esperava-se que os profissionais da TQM se concentrassem nos processos de trabalho e não nas medidas de resultados e utilizassem técnicas científicas para melhorar esses processos de forma persistente (Hackman & Wageman, 1995). A TQM é vista como uma categoria de sistema de tácticas que oferece soluções para as "modas" da gestão. As origens da TQM e o seu padrão de disseminação têm sido diferentes de outras "modas" de gestão. A TQM não se baseou num conjunto de hipóteses pormenorizadas, embora essas hipóteses estejam a começar a surgir. A TQM obscurece os limites habituais de uma empresa e coloca a tónica na parte da informação e, além disso, concentra-se na empresa como uma cadeia de procedimentos interligados cujo ponto final é o cliente (Boaden, 1996). Os profissionais da TQM devem integrar a sua compreensão das dimensões técnicas da TQM com as questões quotidianas, que experimentam em processos organizacionais perpétuos. (Zbaracki, 1998).

Teoricamente, os gestores devem aprender como a sua forma de lidar com a qualidade muda à medida que um item passa da fase de conceção para o mercado, e devem conceber abordagens para desenvolver estas diferentes perspectivas (Gravin, 1984). A prática de gestão poderia ser melhorada através da fusão de conhecimentos da "teoria da gestão" em esforços de qualidade total, e que, na verdade, a qualidade total incorporou efetivamente esses conhecimentos (Dean & Bowen, 1994). Os estudos sobre iniciativas de qualidade podem servir para alargar e enriquecer o leque de perspectivas a partir das quais as iniciativas de qualidade foram apreciadas, avaliadas e desenvolvidas (Wilkinson & Wilmott, 1995). A prática atual da TQM raramente tem qualquer semelhança com o "modelo cultural" (Spencer, 1994). Os especialistas em qualidade afirmam que a TQM é uma filosofia que deve ser integrada na cultura da empresa. A TQM envolve a identificação e a medição dos métodos científicos dos clientes e a utilização de heurísticas de gestão de processos para aumentar a eficácia da equipa, ou seja, fluxogramas (Hackman & Wageman, 1995). De um modo geral, a TQM é uma melhor abordagem para dirigir as empresas e é essencial para a prosperidade económica. A TQM conduz a uma maior qualidade, reduz os custos dos bens e serviços, que se transformam rapidamente de acordo com os desejos dos clientes (Zbaracki, 1998). As organizações, em particular os gestores, teriam um "modelo empírico" que serviria de base para melhorar os resultados da filosofia TQM (Nwabueze, 2001).

Na prática, a concordância de diferentes formas de lidar com a qualidade tem algumas ramificações imperativas. Em primeiro lugar, clarifica as perspectivas de qualidade regularmente em conflito entre os indivíduos dos departamentos de marketing e de produção. Os profissionais de marketing adoptam normalmente uma abordagem do assunto "baseada no utilizador" ou "baseada no produto"; para eles, maior qualidade significa melhor desempenho, mais caraterísticas e outras melhorias que aumentam o custo. Uma vez que vêem os consumidores como o juiz da qualidade, consideram o que ocorre na fábrica como significativamente menos essencial do que o que ocorre no mercado. Os responsáveis pela produção adoptam normalmente uma estratégia alternativa. Para eles, "qualidade significa conformidade com as normas" e uma acentuação de "fazer bem à primeira" passagem. Uma vez que associam a baixa qualidade a grandes quantidades de refazer e de refugo, os industriais prevêem, regra geral, que a melhoria da qualidade trará reduções de custos (Gravin, 1984). A TQM requer um melhoramento organizacional global com vista a um objetivo definido (Nwabueze, 2001). Um dos meios mais eficazes de implementar a TQM é ensinar as pessoas a compreender a terminologia associada a esta prática (Spencer, 1994). A GQT é um conjunto de princípios orientadores, cuja execução é frequentemente considerada como uma progressão de actividades que requerem empenhamento, e a natureza "descendente" desta dedicação, com os gestores a assumirem efetivamente a liderança e a envolverem os trabalhadores, é, segundo muitos estudos, um fator fundamental de sucesso da GQT (Boaden, 1996).

Em conclusão, os estudos e análises contínuos sobre a qualidade e as questões baseadas na qualidade devem ser construídos com base numa compreensão rigorosa das diferentes definições do conceito (Bednar & Reeves, 1994). A filosofia e a prática da GQ devem ser adequadamente diferenciadas de outras estratégias de melhoria institucional (Sousa & Voss, 2002). Para a implementação frutuosa da TQM, numerosos investigadores sublinham a necessidade de uma mudança cultural na empresa com uma alteração principal nos valores, na estrutura, na forma como os indivíduos cooperam e na forma como os indivíduos sentem o envolvimento e a inclusão (Nwabueze, 2001). Para uma execução eficaz da TQM, é necessário dispor de um quadro contextual bem definido. O estudo da TQM pode orientar melhor os investigadores sobre os modelos de gestão existentes (Spencer, 1994). A TQM pode ser um veículo decente para investigar as ideias de quadros abertos e para ajudar os investigadores a aprofundar as ligações entre níveis nas organizações.

Foram identificados vários domínios em que a perspetiva da TQM se baseia, em grande medida, na "teoria da gestão". Estas incluem a liderança da gestão de topo e as práticas de RH, por exemplo, a progressão na carreira dos trabalhadores, a utilização de equipas, a análise e avaliação das necessidades de formação e o envolvimento e motivação dos trabalhadores. Em suma, devemos considerar verdadeiramente o desenvolvimento social das práticas de gestão, mas também devemos procurar as tecnologias genuínas nestas práticas.

CAPÍTULO 2

Factores críticos de sucesso para a gestão da qualidade total

A TQM é retratada como um conjunto de técnicas de qualidade colectivas e interligadas que estão relacionadas com o desempenho de uma empresa e com a satisfação do cliente (Choi & Eboch, 1998; Karuppusami & Gandhinathan, 2006; Seetharaman, Sreenivasan, & Boon, 2006). Alguns investigadores defendem que a GQT tem pouco a ver com a melhoria do desempenho e alguns consideram a GQT como uma tendência (Choi e Eboch, 1998). As normas e os métodos da gestão da qualidade total (GQT) são atualmente uma parte muito reconhecida da "caixa de ferramentas" de praticamente todos os gestores (Motwani, 2001). Tal como indicado por Choi e Eboch (1998), a TQM é um roteiro para a satisfação do cliente e o desempenho organizacional.

Existem quatro zonas de práticas de gestão no âmbito da estrutura TQM a avaliar: gestão da qualidade dos processos, gestão de RH, planeamento da qualidade, dados e análise, gestão da força de trabalho, compreensão da qualidade, planeamento de produtos e gestão de processos (Zu, Robbins e Fredendall, 2009). Os QCA são os factores cruciais para o sucesso de qualquer empresa e, se os objectivos associados a esses factores não forem atingidos, a empresa tenderá a falhar de forma catastrófica. Os CSF's representam os componentes necessários, sem os quais um empreendimento tem hipóteses mínimas de sucesso (Coronado & Antony, 2002). Os factores críticos de sucesso são: "o papel da liderança da gestão e da política de qualidade, a gestão dos fornecedores, a gestão dos processos, a orientação para o cliente, a formação, as relações com os trabalhadores, a conceção dos produtos e serviços, os dados relativos à qualidade, o papel do departamento de qualidade, a gestão e o desenvolvimento dos recursos humanos, a conceção e a conformidade, as equipas de qualidade multifuncionais, a avaliação comparativa e a informação e análise" (Karuppusami & Gandhinathan, 2006; Nicholas, 2014). Melhorar a natureza da qualidade é uma pedra basilar para o sucesso financeiro de uma empresa. Ao tentar melhorar a qualidade, as empresas têm procurado numerosos programas de melhoria persistentes, mais notavelmente a gestão da qualidade total, e o mais atual é o seis sigma. (Zu, Robbins, & Fredendall, 2009). De acordo com Coronado & Antony (2002), o Seis Sigma pode ser definido como uma estratégia de melhoria contínua utilizada para melhorar os resultados, reduzindo o desperdício para diminuir os custos relacionados com a má qualidade e para aumentar a eficiência e a eficácia dos processos, com o objetivo de satisfazer ou mesmo exceder as expectativas dos clientes. A metodologia e os princípios do Seis Sigma têm em conta a estrutura de funções, o procedimento de melhoria estruturada do Seis Sigma e a ênfase do Seis Sigma nas medições (Zu, Robbins, & Fredendall, 2009). As definições de qualidade e de TQM foram discutidas durante várias décadas por gurus e investigadores da gestão da qualidade e deram origem a vários resultados (Sila & Ebrahimpour, 2003). Várias organizações descobriram que a adição de um programa Seis Sigma como suplemento às suas práticas actuais lhes dá quase todos os ingredientes de um programa TQM (Karuppusami & Gandhinathan, 2006). No entanto, ainda não existe um consenso universal sobre estas definições.

A gestão da qualidade é composta por um conjunto de componentes: factores críticos de sucesso, práticas, técnicas e ferramentas (Tan, 2005). A TQM é a combinação de vários factores de sucesso, um sistema para gerir estes factores críticos e fortes componentes interdependentes, tricotados numa rede de componentes interdependentes numa rede, ferramentas e técnicas (Tan, 2005). Várias organizações estão a confiar na TQM como uma ferramenta para melhorar os seus resultados, aumentar a sua vantagem competitiva e obter uma maior quota de mercado (Seetharaman, Sreenivasan, & Boon, 2006).

Historicamente, a discussão perpétua sobre as várias definições de qualidade e o seu impacto nas indústrias transformadoras e de serviços está a aumentar as barreiras à implementação de quadros razoáveis para a TQM (Sila & Ebrahimpour, 2003).

Alguns investigadores baseiam-se nas dimensões técnicas e programáticas da TQM, enquanto outros se debruçam sobre a filosofia geral da gestão, o que conduz a uma vasta gama de abordagens utilizadas por vários investigadores da TQM (Motwani, 2001). Uma das diferenças notáveis entre a TQM e o Seis Sigma é o facto de as filosofias anteriores se concentrarem na resolução do problema e estarem menos preocupadas com os custos (Coronado & Antony, 2002). O trabalho de vários autores mostra os prós e os contras da TQM, mas não é oferecida qualquer solução às empresas para resolverem os problemas com que se deparam (Tan, 2005). Estudos anteriores mostram que a mudança inter-organizacional está muitas vezes em conflito com os fortes valores defendidos pelos membros da organização. Por outras palavras, a mudança não está de acordo com as crenças existentes dos membros da empresa. Este comportamento depende de vários factores como técnicos, políticos, individuais e organizacionais (Coronado & Antony, 2002). Embora exista algum consenso sobre os factores que constituem a TQM, diferentes análises produziram ainda diferentes baterias de factores de TQM, que podem ser a consequência de variações na definição ou pontos de vista metodológicos tomados por vários investigadores (Sila & Ebrahimpour, 2003). O Seis Sigma não pode ser tratado como mais uma atividade autónoma, mas exige a adesão a uma filosofia completa em vez da utilização de algumas técnicas e ferramentas de melhoria da qualidade (Coronado & Antony, 2002). As questões comuns que foram identificadas foram a liderança, o envolvimento dos trabalhadores, a formação e o desenvolvimento, a gestão dos processos, o planeamento e as métricas de qualidade para a melhoria contínua (Tan, 2005). Várias organizações fracassaram nas suas campanhas de qualidade devido a muitas razões, como a ausência de "empenhamento da gestão de topo", o facto de ignorarem as necessidades dos clientes, etc. (Seetharaman, Sreenivasan, & Boon, 2006).

A TQM é inevitável para inverter o mau desempenho, mas quando os resultados esperados não foram alcançados, foi considerada um fracasso (Seetharaman, Sreenivasan, & Boon, 2006). Existem quatro áreas críticas em que a direção pode mostrar o seu empenho na implementação da TQM. Estas incluem a afetação de recursos e o orçamento, a aplicação de controlos através da visibilidade, a medição do progresso e a mudança cultural (Seetharaman, Sreenivasan, & Boon, 2006).

Os QCA podem ser caracterizados como as áreas críticas que uma empresa deve alcançar para atingir os seus objectivos, estudando e analisando os seus efeitos. Subsequentemente, na presente investigação, podem ser vistos como os aspectos que devem ser adequados tendo em conta a implementação efectiva da TQM (Salaheldin, 2009).

Os problemas descobertos em estudos anteriores aparecem, ausência de compromisso da gestão de topo e compreensão dos gestores sobre a qualidade, ausência de sensibilização sobre as vantagens da execução da TQM na empresa, conhecimento insuficiente da TQM e compreensão desprezível das estratégias de medição que são utilizadas para avaliar a adequação da implementação da TQM, ausência de clareza no procedimento, metodologia e técnicas de implementação, ausência de compreensão sobre os efeitos secundários positivos da melhoria contínua e negligência dos clientes (Seetharaman, Sreenivasan, & Boon, 2006). As implementações da TQM falham devido à falta de compromisso da gestão de topo, à ausência de planeamento visionário, à falta de clareza nos procedimentos de medição e à ausência de envolvimento dos trabalhadores (Nicholas, 2014). A seleção de um período de tempo adequado para avaliar o desempenho é a questão mais relevante na ligação entre a TQM e o resultado final. A ausência de investigação relativa a alguns factores críticos para a implementação da TQM, por exemplo, a satisfação dos trabalhadores, o desenvolvimento de produtos e a criação de equipas e a resolução de problemas, pode dever-se ao facto de estes factores serem relevantes para qualquer nova abordagem de gestão, como o JIT e o ERP, e não apenas para a TQM (Salaheldin, 2009).

Há uma falta de sinergia demonstrada entre estes três campos mencionados e há poucas descobertas empíricas que se concentram na interconectividade entre TQM, orientação para a aprendizagem e desempenho de mercado (Lam, Lee, Ooi, & Lin, 2011). A ausência de informação organizacional e de dados sobre os factores críticos de sucesso é um grande obstáculo à implementação eficaz e bem sucedida da TQM nas organizações (Lau & Idris, 2001).

A análise crítica mostra que a implementação da TQM constitui uma mudança organizacional transversal importante que exige uma transformação completa da cultura, do sistema de crenças, dos processos da organização e das prioridades estratégicas, entre outros (Motwani,

2001) . É necessário examinar os factores críticos de sucesso para a aplicação da TQM devido às enormes variações nos resultados da TQM (Lau & Idris, 2001). Os factores críticos de sucesso na implementação da TQM são actividades como a cultura, o empenho da gestão de topo, a liderança e as intenções de qualidade e de melhoria contínua, o trabalho de equipa, a longevidade do emprego, a confiança, a formação e o desenvolvimento e a satisfação do cliente (Lau & Idris, 2001). Assegurar uma utilização óptima do pessoal não é fácil, mas é um desafio que deve ser enfrentado de forma eficaz (Lau & Idris, 2001). A gestão de topo, a cultura da organização, a formação e as ferramentas estatísticas preparam o terreno para uma implementação bem sucedida do Seis Sigma (Coronado & Antony,

2002) . A resistência à mudança pode ser ultrapassada com êxito, se existir um plano de comunicação adequado, o que implica a necessidade de envolver os trabalhadores na iniciativa Seis Sigma, demonstrando-lhes como funciona e como pode estar relacionada com as suas funções e os benefícios esperados para eles. (Coronado & Antony, 2002). Os QCA da TQM são variáveis latentes e são difíceis de medir diretamente. Por exemplo, o empenho da gestão de topo na qualidade é um QCA que não pode ser medido diretamente. No entanto, se o empenhamento da gestão de topo na qualidade prevalecer, resultará na afetação de recursos adequados aos esforços de melhoria da qualidade. Deste modo, a afetação de recursos suficientes aos esforços de melhoria da qualidade pode ser um dos indicadores do empenho da gestão de topo em relação à qualidade (Karuppusami & Gandhinathan, 2006). Não existe um quadro razoavelmente estabelecido para determinar os QCA e orientar os investigadores (Karuppusami & Gandhinathan, 2006).

A eficácia da implementação da TQM inclui a definição e a aplicação de vários elementos-chave. Estes elementos abrangem tanto as dimensões "suaves", como a liderança, a capacitação dos trabalhadores, a cultura, como os aspectos "duros", que incluem os sistemas, as ferramentas e as técnicas de melhoria (Seetharaman, Sreenivasan, & Boon, 2006). O empenhamento da gestão de topo foi considerado o fator de sucesso mais importante, enquanto a formação e o desenvolvimento são o fator crítico mais importante (Seetharaman, Sreenivasan, & Boon, 2006). As armadilhas identificaram a ausência de conhecimento da qualidade ao nível da gestão e a ausência de envolvimento dos trabalhadores ao nível dos trabalhadores. No entanto, vários investigadores consideram que a "implementação incorrecta" é um dos principais factores que contribuem para os fracassos da TQM (Seetharaman, Sreenivasan, & Boon, 2006; Karuppusami & Gandhinathan, 2006). Foram identificados vários factores críticos que podem melhorar as hipóteses de uma implementação bem sucedida, ou seja, a importância do empenho da gestão, a compreensão das diretrizes da GQT, a compreensão da qualidade pela gestão, os benefícios esperados da metodologia de implementação da GQT e do plano de implementação, a compreensão da filosofia da GQT e das suas métricas, a compreensão de que os clientes desempenham um papel vital para o sucesso de uma organização, a compreensão da importância da melhoria contínua e a sua integração no sistema (Seetharaman, Sreenivasan, & Boon, 2006).

Os factores estratégicos para a implementação da TQM nas PME incluem o empenho da gestão de topo, a liderança, o sistema de melhoria contínua, a medição e o feedback, as técnicas e ferramentas de melhoria, a garantia de qualidade do fornecedor, a gestão dos recursos humanos, os processos, os recursos, o desenvolvimento e a formação, bem como a cultura e o ambiente de trabalho (Zu, Robbins, & Fredendall, 2009). Os factores estratégicos, como o envolvimento e o empenho da gestão de topo, a cultura, a liderança, a melhoria contínua, os objectivos e a política de qualidade, o processo de valorização dos recursos e o benchmarking, têm um efeito profundo na implementação bem sucedida da TQM (Zu, Robbins, & Fredendall, 2009). Os factores tácticos abrangem áreas como a capacitação e o envolvimento dos trabalhadores, a formação e o desenvolvimento dos trabalhadores, a criação de equipas e a resolução sistemática de problemas, a utilização de tecnologias da informação para recolher e analisar dados sobre a qualidade, o desenvolvimento de fornecedores, a gestão das relações com os fornecedores, o alinhamento com outros sistemas e a avaliação do desempenho dos fornecedores (Zu, Robbins, & Fredendall, 2009). Os factores menos importantes ou menos críticos são classificados como factores operacionais e incluem o desenvolvimento e a conceção de produtos, a gestão das relações com os clientes, a orientação para o cliente, o conhecimento dos clientes e do mercado, um calendário realista de implementação da TQM, o controlo estatístico dos processos, a conservação dos recursos, as inspecções relacionadas com a qualidade e as métricas de desempenho da empresa para a TQM (Zu, Robbins, & Fredendall, 2009).

Podemos presumir que a ideia de TQM é uma forma deliberada demonstrada de lidar com melhorias no processo geral de negócios da empresa, incluindo bens e serviços. A TQM tem em conta o desempenho global das empresas em atividade e aborda a importância dos procedimentos juntamente com as interfaces cliente-fornecedor, em ambos os sentidos. Os gestores devem estar conscientes dos factores e métodos críticos para que a implementação seja bem sucedida. A TQM tem sido elogiada pelo seu engenho e criticada pela falta de resultados mensuráveis. Mas a falta de sucesso pode estar relacionada com o facto de a TQM não ser muitas vezes bem compreendida. Os factores críticos de sucesso da TQM (CSF's) devem ser implementados de forma abrangente e não numa premissa fragmentada para obter o máximo benefício da TQM.

Além disso, esta análise sublinha a necessidade de ligar os FCS ao desempenho organizacional para atingir os objectivos da implementação da TQM. Os gestores precisam de compreender quais as dimensões que devem considerar para o desenvolvimento bem sucedido dos factores críticos de sucesso da TQM nas suas organizações.

CAPÍTULO 3

Os efeitos dos factores contextuais nas práticas de TQM

A gestão da qualidade total (GQT) tem sido amplamente adoptada pelas empresas nos últimos 50 anos, mas os resultados da GQT não são os melhores. O verdadeiro sucesso da TQM depende de elementos contextuais, ou seja, a história e a origem da organização, a estrutura e a hierarquia organizacionais, a localização, a dimensão, etc. O contexto em que a estrutura da organização é desenvolvida e o ambiente é considerado como a totalidade dos factores físicos e sociais, que são considerados diretamente no comportamento de tomada de decisão das pessoas numa empresa (Duncan, 1972). De acordo com Duncan (1972), os teóricos da organização colocam a tónica no facto de as organizações terem de se adaptar ao seu ambiente externo se quiserem continuar a ser rentáveis. Uma das questões centrais é a forma de lidar com os desafios face à incerteza. A incerteza ambiental e os vários parâmetros do ambiente são definidos em termos da perceção dos membros de uma organização. As percepções dos indivíduos diferem em várias dimensões, tal como indicado pela investigação (Duncan, 1972). A eficácia das organizações depende da forma como se podem ajustar aos pré-requisitos distintos relacionados com tarefas seguramente conhecidas versus tarefas ineficazmente compreendidas, ou condições ambientais, ou seja, incerteza (Sitkin, Sutcliffe, & Schroeder, 1994).

A cultura, que varia de região para região a nível mundial, tem certas normas, tradições e valores estabelecidos e pode ser executada para aumentar a fatia do bolo, aumentar os benefícios e diminuir os custos. Por exemplo, a utilização de técnicas estatísticas pelo controlo de qualidade japonês baseia-se nas suas formas de lidar com a TQM. A gestão japonesa da qualidade total dedica-se a melhorar as técnicas de resolução de problemas dos empregados, a utilizar estatísticas, a motivar, encorajar e formar todos os indivíduos numa organização (Dahlgaard, Kanji, & Kristensen, 1990).

Durante a última década, foram efectuados vários estudos para avaliar e comparar as práticas de gestão da qualidade em vários países do mundo (Dahlgaard, Kristensen, Kanji, Juhl, & Sohal, 1998). É evidente que as empresas japonesas dão mais preferência aos dados adquiridos através da investigação de novos produtos, dos dados dos rivais, de novos métodos ou de novos factores de produção e da viabilidade comercial do mercado. As empresas japonesas dão mais importância à tradução da investigação dos clientes para a conceção e o desenvolvimento de novos produtos e serviços do que as empresas norte-americanas, utilizam a tecnologia duas vezes mais do que as empresas americanas para satisfazer as necessidades dos clientes e recorrem à "simplificação dos processos" e à "análise do tempo de ciclo" para melhorar os processos empresariais do que as empresas ocidentais (Dahlgaard, Kristensen, Kanji, Juhl, & Sohal, 1998). Segundo Ahmad & Yusof (2010), as empresas japonesas apostam muito na conceção dos produtos e consideram que a qualidade começa na conceção e, subsequentemente, reflecte a capacidade de fabrico, a fiabilidade e a qualidade do produto. À medida que a concorrência global se intensifica e a fusão se torna inevitável, forçando as organizações a crescer e a alargar o seu âmbito para além das fronteiras nacionais e culturais, existe uma forte necessidade de integrar as empresas com várias culturas etnologicamente diversificadas (Sousa-Poza, Nystrom, & Wiebe, 2000). Existem quatro dimensões principais para a cultura etnológica: "distância ao poder, evitamento da incerteza, masculinidade e individualismo". De acordo com Fuentes-Fuentes, Albacete-Saez, & Llorens-Montes, (2004) as dimensões relevantes do ambiente específico, tais como o dinamismo, a munificência e a complexidade, estão na linha da frente das principais dimensões estratégicas da TQM e do seu desempenho. A melhoria da qualidade dos produtos e serviços é um pré-requisito básico para o sucesso comercial de uma empresa. Numa noção de melhoria da qualidade, as empresas têm seguido muitos programas de melhoria contínua, nomeadamente a gestão da qualidade total (TQM) e, mais atualmente, o Six Sigma (Zu, Robbins, & Fredendall, 2009). De acordo com Hendricks & Singhal (1996), a implementação de um programa eficaz de melhoria da qualidade exige que as empresas se afastem da filosofia tradicional de utilização da inspeção para detetar produtos defeituosos e passem a adotar uma filosofia de prevenção da ocorrência de defeitos. Os princípios, a ética e as ferramentas para alcançar este objetivo incluem o compromisso da gestão de topo, comunicações de banda larga entre a gestão e os empregados, formação e desenvolvimento, maior capacitação dos empregados, melhoria contínua, controlo estatístico do processo, desenvolvimento e manutenção de uma gestão de relações de longo prazo com os fornecedores e uma atenção total à qualidade em toda a organização.

A TQM não é de modo algum uma "filosofia abstrata", mas abrange conceitos (uma filosofia) e práticas (ferramentas). A TQM está também ligada a um certo número de ferramentas ou metodologias de gestão, tais como "o controlo estatístico dos processos (SPC), os círculos de qualidade (QC), o just-in-time (JIT), o trabalho em equipa, o empowerment e o benchmarking" (Sousa-Poza, Nystrom, & Wiebe, 2000). A implementação da gestão sistemática da qualidade é uma prática mais frequente nas empresas transformadoras do que nas empresas de serviços (Lagrosen & Lagrosen, 2003). As empresas que trabalham em diferentes contextos organizacionais podem obter resultados comerciais eficazes idênticos, concentrando-se em princípios de GQ bastante diferentes (Zhao, Yeung, & Lee, 2004). O efeito da localização e tamanho da empresa, duração temporal do programa de qualidade, sindicalização e contexto da indústria na implementação da GQ dá algum apoio à perspetiva da teoria da contingência na gestão da qualidade, mas, por outro lado, trata a GQ como um único conjunto de práticas (Zhanga, Linderman, & Schroederc, 2012). As diferentes práticas de GQ são mais ou menos eficazes em condições de incerteza ambiental em mutação (Zhanga, Linderman, & Schroederc, 2012). Os gestores de operações de topo são sensíveis às percepções e pressões das partes interessadas para além dos clientes e fornecedores (cadeia de abastecimento) quando concebem a estratégia de fabrico. No entanto, essa estratégia não se reflecte necessariamente numa prática de larga escala que inclua tanto o social como o ambiental (Galeazzo & Klassen, 2015).

De acordo com estudos anteriores, considera-se que a TQM tem sido defendida como globalmente aplicável a todas as empresas e às suas actividades, com pouca ou nenhuma atenção à classe de incerteza com que a empresa se depara. Como resultado, a TQM corre o risco de ser "exagerada", incorretamente interpretada e implementada, e não é eficaz (Sitkin, Sutcliffe, & Schroeder, 1994). "Todas as organizações são constituídas por cinco partes básicas, ou seja, os operadores e a sua configuração é a burocracia profissional, o vértice estratégico e a sua configuração é a estrutura simples, para a linha intermédia é a forma divisionalizada, para a tecnoestrutura é a burocracia da máquina e para o pessoal de apoio é a adhocracia" (Lagrosen & Lagrosen, 2003).

A TQM é uma abordagem evidentemente única para melhorar a eficácia de uma empresa, com fortes bases conceptuais que, atualmente, nos fornece uma estratégia para aliviar o desempenho empresarial, considerando os meios em que as empresas e os seus empregados actuam (Montes, Verdu' Jover, & Molina Fernandez, 2003). Historicamente, os estudos sobre a TQM sugerem que a principal área de incidência para a implementação da TQM se situa no contexto das grandes e médias organizações, ao passo que há um trabalho negligenciável realizado em pequenas empresas e, eventualmente, os resultados também apresentam uma variabilidade notável nos efeitos do desempenho da TQM (Sharma, 2006). Apesar de numerosos académicos considerarem a gestão da qualidade total (GQT) como uma inovação vital para as empresas, é frequente os autores considerarem a GQT como uma moda de gestão. Muitos estudos empíricos examinam a relação entre a TQM e o desempenho organizacional. Alguns autores descobrem resultados positivos. Outros investigadores não conseguem encontrar qualquer relação digna de nota e algumas investigações reconhecem mesmo uma relação inversa (Corredor & Goni, 2011).

Para este estudo revisto, os factores e componentes que contêm o ambiente interno da organização são: "componente do pessoal da organização, componente das unidades funcionais e de pessoal da organização e componente do nível organizacional". No que respeita ao ambiente externo, este inclui "a componente do cliente, a componente dos fornecedores, a componente da concorrência, a componente sociopolítica e a componente tecnológica". A incerteza é constituída por três componentes: a falta de lucidez da informação, o período de tempo mais longo e desnecessário para o feedback definitivo e a incerteza geral das relações causais (Duncan, 1972). No entanto, a ênfase no controlo, que tem caracterizado as abordagens convencionais à execução da gestão da qualidade total (TQM), não está bem adaptada às condições de "elevada incerteza das tarefas".

A abordagem da TQM pode depender do nível de incerteza situacional e propõe que a TQM seja dividida em duas abordagens concetualmente diferentes, que são o controlo da qualidade total (TQC) e a aprendizagem da qualidade total (TQL), que partilham as mesmas proclamações subjacentes centrais à TQM (Sitkin, Sutcliffe, & Schroeder, 1994).

As práticas de qualidade consistem tanto numa orientação de controlo como numa orientação de aprendizagem, e que as diferentes práticas de GQT são mais adequadas em contextos variáveis (Zhanga, Linderman, & Schroederc, 2012). Apenas as empresas inovadoras que adoptam a TQM obtêm resultados de desempenho devido à implementação e apresentam um nível de desempenho médio mais elevado do que as empresas de controlo (Corredor & Goni, 2011). A eficácia de vários princípios de gestão da qualidade depende da estrutura organizacional e da incerteza ambiental (Zhanga, Linderman, & Schroederc, 2012). Especificamente, as empresas comprometem-se a tomar decisões que considerem a interdependência entre as dimensões ambiental, social e económica e que sejam capazes de reduzir possíveis trade-offs (Galeazzo & Klassen, 2015).

Considerando a importância e a necessidade da cultura empresarial, há duas formas fundamentais de implementar a TQM: Uma forma de implementar um plano de introdução padrão aplicável globalmente e outra que é feita à medida para ter em conta as diferenças culturais e subculturais regionais e por vezes nacionais (Sousa-Poza, Nystrom, & Wiebe, 2000). Os três pilares básicos da TQM - o custo da qualidade, a satisfação total do cliente e a aprendizagem organizacional - também propõem que os ganhos dos resultados da TQM sejam moderados pela dimensão e pelas caraterísticas da empresa. Por exemplo, o conceito de custo da qualidade mostra que o custo total da qualidade diminui quando a qualidade da conformidade é melhorada (Hendricks & Singhal, 2000).

A TQM tornou-se um conceito mundial, influenciando as organizações japonesas e também as americanas, europeias e da Ásia-Pacífico (Montes, Verdu' Jover e Molina Fernandez, 2003). Em condições homogéneas, a execução da TQM pode ser menos importante, uma vez que a empresa pensa que é simples estabelecer procedimentos normais que lhe permitirão estabelecer relações com o seu ambiente e tornar as actividades menos exigentes. Por outro lado, o aumento da complexidade coloca a heterogeneidade no âmbito das práticas da empresa (Fuentes-Fuentes, Albacete-Saez, & Llorens-Montes, 2004). Existe um apoio misto para o impacto da amplitude da TQM nas ligações entre a TQM e o desempenho (Jayaram, Ahire, e Dreyfus, 2009). Alguns investigadores descobriram que as práticas de gestão da qualidade feitas à medida podem levar a um desempenho mais elevado do que a atualização de metodologias normalizadas ou generalizadas (Zhanga, Linderman, & Schroederc, 2012).

Este fenómeno particular foi negligenciado no passado porque as melhorias de qualidade eram consideradas uma obrigação para competir nos mercados globais de hoje e, portanto, era um pressuposto para aumentar o valor de mercado da organização (Hendricks & Singhal, 1996).

De acordo com Dahlgaard, Kristensen, Kanji, Juhl, & Sohal, (1998) os estudos revelam a existência de enormes lacunas entre o Oriente e o Ocidente, com as empresas japonesas a assumirem a liderança das empresas ocidentais na utilização das suas práticas de gestão da qualidade. De acordo com Sousa-Poza, Nystrom, & Wiebe,(2000) uma questão que emerge da definição de TQM é o facto de ser muito ampla e ambígua. A aplicação de ferramentas de gestão pode ser relativamente simples, uma vez que requerem alterações limitadas na atitude e no comportamento. No entanto, a aplicação da "filosofia" da TQM é mais difícil porque exige um alinhamento na forma como os empregados da empresa pensam e reflectem. Além disso, a questão continua a ser a forma como os resultados da TQM variam consoante as caraterísticas da empresa e os factores contextuais ainda não foi completamente descoberta (Hendricks & Singhal , 2000). A utilização do conceito sistemático em TQM convoluta a implementação à luz do facto de que o ganho esperado depende da exigência de uma mudança exaustiva do sistema de gestão da empresa. Vários especialistas em TQM recomendam que a execução eficaz de TQM requer transformação, mudança total ou mudança radical (Corredor & Goni, 2011).

Uma análise crítica demonstra que a TQM não é uma cura que possa ser utilizada de forma negligente, mas sim que deve ser executada com um sentimento razoável de quanto o contexto é explicado pela incerteza, não rotinização e instabilidade (Sitkin, Sutcliffe e Schroeder, 1994). A melhoria contínua deve concentrar-se na melhoria da experimentação e não na diminuição das taxas de erro. Os meios são difíceis de implementar um programa poderoso de melhoria da qualidade, uma vez que incluem mudanças invulgares na filosofia, mudanças nas relações entre a gestão e os trabalhadores, mudanças nas métricas de desempenho e nos quadros de recompensa, e a remoção de hábitos e métodos enraizados (Hendricks e Singhal, 1996).

A grande lacuna pode estar no facto de as técnicas terem sido criadas no Oriente (Japão) e as organizações ocidentais hesitarem em utilizar estratégias que não tenham sido produzidas na sua cultura específica (Dahlgaard, Kristensen, Kanji, Juhl e Sohal, 1998). Numa tentativa de sobreviver no mercado global com uma concorrência feroz entre regiões e empresas, a adoção de técnicas de TQM é fundamental para garantir a excelência empresarial (Ahmad e Yusof, 2010). É essencial compreender o efeito etnológico na implementação bem sucedida de programas de mudança, por exemplo, a gestão da qualidade total (Sousa-Poza, Nystrom, e Wiebe, 2000).

A cultura empresarial tem sido repreendida pelos fracassos na implementação da TQM (Sousa-Poza, Nystrom e Wiebe, 2000). As ligações entre a cultura empresarial e a utilização da TQM existem de facto e são complexas. De acordo com Hendricks e Singhal (2000), uma implementação bem sucedida da TQM aumenta a produtividade a longo prazo e a rendibilidade das acções. As melhorias relevantes para os procedimentos são mais típicas no sector da indústria transformadora (Lagrosen e Lagrosen, 2003).

Uma caraterística que ainda deve ser desenvolvida é que a gestão da qualidade ainda é observada como uma ideia totalmente uniforme que é proposta para ser implementada fundamentalmente da mesma forma por todas as empresas, independentemente da sua dimensão, localização, atividade, cultura, etc. (Lagrosen e Lagrosen, 2003). As empresas da forma divisionalizada estão próximas da média em todas as perspectivas. Para as burocracias de máquina e as

Em comparação com as empresas divisionalizadas, estes resultados parecem ser lógicos e as adhocracias são diversas em muitos aspectos. Em geral, registam menos melhorias no que diz respeito aos processos e nenhuma melhoria no que diz respeito aos clientes (Lagrosen e Lagrosen, 2003). No momento em que a empresa está meio orientada para os clientes e para os processos, mas o ambiente proporciona um nível de incerteza - seja ele alto ou baixo - as melhorias dos resultados após a implementação de um programa TQM não serão vivas (Montes, Verdu' Jover, e Molina Fernandez, 2003). As unidades das empresas cujos trabalhadores não estão motivados, ou estão desiludidos ou menos empenhados, com base nas restrições impostas pelas amarras do sistema, de uma má implementação das componentes da TQM, irão provocar um baixo nível de qualidade e pouca viabilidade do programa de implementação (Montes, Verdu' Jover, e Molina

Fernandez, 2003).

A estrutura e o controlo são mais adequados para situações com um baixo nível de incerteza e uma abordagem centrada na aprendizagem é mais viável em situações de elevada incerteza (Zhao, Yeung e Lee, 2004). O Seis Sigma é outra forma de lidar com a gestão da qualidade e é caracterizado como um "método organizado e sistemático para a melhoria estratégica de processos e o desenvolvimento de novos produtos e serviços, que se baseia em métodos estatísticos e no método científico para reduzir drasticamente as taxas de defeito definidas pelo cliente" (Zu, Robbins e Fredendall, 2009). Além disso, foram definidas três práticas específicas básicas para a aplicação das normas e estratégias Seis Sigma, nomeadamente a "estrutura de funções Seis Sigma", o "procedimento de melhoria estruturado" Seis Sigma e a focalização nas medições Seis Sigma (Zu, Robbins e Fredendall, 2009). O Seis Sigma é uma técnica de melhoria de processos que produz uma diminuição extraordinária das deformações, erros ou enganos em qualquer procedimento. Os procedimentos melhorados levam a uma maior lealdade dos consumidores, a uma maior quota de mercado, a um aumento dos resultados e assim por diante (Reosekar e Pohekar, 2014).

Teoricamente, podem ser utilizadas diferentes abordagens de TQM em múltiplas combinações em diferentes sectores, em diferentes segmentos de uma organização e para diferentes funções numa unidade menor, embora seja provável que existam alguns elementos comuns de TQM que possam ser implementados em toda a organização. A evolução de uma cultura de melhoramentos contínuos e de cooperação pode colmatar grande parte do fosso entre o Ocidente e o Oriente. O trabalho de equipa e a confiança são os elementos-chave de uma tal cultura (Dahlgaard, Kristensen, Kanji, Juhl, & Sohal, 1998). Embora os gestores não possam controlar todas estas caraterísticas variáveis, devem definir algumas expectativas lógicas para o nível de resultados positivos em função das caraterísticas da sua organização (Hendricks & Singhal, 2000). Os responsáveis pelas políticas públicas e todos os gestores estão de acordo em que a influência mais significativa na inovação emerge da tedência de compreender o impacto empresarial das tendências do mercado e da tecnologia (Neely, Filippini, Forza, Vinelli, & Hii, 2001). Para os gestores em geral, o principal motivo é avaliar os esforços de gestão da qualidade que incorporaram. Uma vez que existem contrastes nos impactos que são, de um modo geral, produzidos, podem esperar-se impactos diversos em vários tipos de empresas (Lagrosen e Lagrosen, 2003). É necessário reconhecer os factores contextuais relevantes que influenciam as abordagens de implementação (Zhao, Yeung e Lee, 2004). Apesar da ausência de poder de mercado, de capital e de capacidade de gestão, as pequenas empresas podem e conseguem atualizar as componentes da TQM com o mesmo sucesso que as grandes empresas e, assim, obter uma excelente qualidade do produto (Sharma, 2006). A cultura de uma empresa adequada é geralmente vista como uma necessidade fundamental para a implementação efectiva da TQM (Zu, Robbins, & Fredendall, 2009).

Na eventualidade de o ambiente de uma empresa passar de estável a dinâmico, esta pode melhorar o seu desempenho através da expansão do nível de exploração da qualidade com uma estrutura mecanicista; no entanto, a melhor melhoria do desempenho consiste em alterar ambas as estruturas de qualidade para uma estrutura orientada para a exploração, juntamente com a mudança para uma estrutura natural (Zhanga, Linderman e Schroederc, 2012). Uma das vantagens da metodologia Seis Sigma em relação a outros programas de melhoria é que permite aos especialistas erradicar com precisão os problemas que dificultam a melhoria e mostrar as melhorias utilizando instrumentos mensuráveis, por exemplo, o gráfico de Pareto e os diagramas de controlo (Reosekar & Pohekar, 2014). Na prática, seria benéfico realizar uma pesquisa de campo que examinasse mais sistematicamente o âmbito em que as práticas e o sucesso da TQM divergem como consequência dos diferentes níveis de incerteza das tarefas em ambientes organizacionais (Sitkin, Sutcliffe, & Schroeder, 1994).

O aparente fosso entre as percepções dos decisores políticos públicos e dos gestores numa área que valoriza mais investigação e pesquisa (Neely, Filippini, Forza, Vinelli, & Hii, 2001). A tónica deve ser colocada na medição do impacto nos processos, no ambiente e nas relações com os clientes (Lagrosen & Lagrosen, 2003). As organizações ajustam as suas estruturas de forma a obterem uma adequação estratégica aos factores contextuais em constante mudança, de modo a alcançarem um elevado desempenho (Sharma, 2006). Os principais factores contextuais, como a semelhança na estrutura e dimensão, a experiência passada com a TQM, o tipo de indústria e o clima sindical devem ser tidos em conta, a fim de produzir um perfil análogo de semelhança nos contextos (Jayaram, Ahire, & Dreyfus, 2009). No entanto, isto deve impedir uma empresa de emular cegamente histórias de sucesso de contextos totalmente diferentes.

Os construtos da cultura descobrem o reforço dos fundamentos do modelo de valores concorrentes que propõe que as empresas que mostram procedimentos adaptáveis (em vez de controlos rígidos), têm orientações externas (em vez de concentração interna) e promovem a gestão participativa (em vez de autoritária) e estão melhor equipadas para executar a TQM (Jayaram, Ahire e Dreyfus, 2009). No momento em que a incerteza ambiental é baixa, as empresas precisam de obter o foco certo das práticas de TQM para alcançar melhores resultados de desempenho. No entanto, quando a instabilidade ambiental é maior, o ajuste interno entre as práticas de qualidade e a estrutura acaba por ser crítico (Zhanga, Linderman e Schroederc, 2012). Taria e Abdullah (2015) demonstraram que a maioria das organizações que obtiveram certificações de qualidade conseguiram melhorar os processos de GQ, bem como a qualidade dos seus produtos e a satisfação dos clientes.

Em conclusão, salienta-se que factores contextuais como a incerteza e o grau de complexidade e dinâmica do ambiente não devem ser considerados como caraterísticas constantes numa organização. Em vez disso, dependem da visão dos empregados da empresa e, desta forma, podem diferir na sua ocorrência na medida em que as pessoas variam nas suas observações. Algumas pessoas podem ter uma elevada resistência ao equívoco e à incerteza, pelo que podem ver as circunstâncias como menos incertas do que outras com menor resistência.

Assim, novas investigações devem concentrar-se na interface entre os contrastes individuais e as propriedades da empresa. Ultimamente, numerosas nações conhecedoras da qualidade têm-se esforçado por reproduzir o estilo japonês de controlo da qualidade, modificando as suas estratégias e obtendo alguns dos seus melhores resultados. A abordagem da gestão da qualidade total, que compreende as partes sociais das organizações, e as nações são fundamentais para cada nação. Devem criar o seu próprio estilo de gestão da qualidade, tendo em mente o objetivo final de produzir bens e serviços de qualidade inigualável e a um custo mínimo. O estudo e a avaliação da gestão são incomparáveis. Os peritos não devem assumir a incerteza num contexto semelhante. Em vez disso, os indivíduos da empresa devem analisar cada circunstância para as suas tarefas específicas e contextos relevantes, antes de escolherem qual a abordagem TQM específica que é geralmente apropriada. A implicação mais importante para os profissionais é a ideia de que a eficácia da TQM pode ser reforçada através da adaptação do tipo específico de abordagem TQM aos requisitos da tarefa e do contexto. Os gestores e trabalhadores ocidentais devem aprender com as empresas orientais que a prática da melhoria da qualidade é uma viagem sem fim. Em vez de tentar melhorar o desempenho dos trabalhadores recorrendo a benefícios monetários, as empresas devem envolvê-los através da sua capacitação e equipá-los com os instrumentos vitais para melhorar os processos de produção. Também é necessário envolvê-los para que possam reconhecer os objectivos da empresa como seus. O conteúdo da TQM tem de se enquadrar no procedimento empresarial, e ambos têm de se enquadrar nos pré-requisitos da terra. O conteúdo da TQM deve estar alinhado com os requisitos do ambiente organizacional. A estrutura de execução da TQM deve basear-se no facto de que deve abordar as questões de várias situações no seu esforço de utilização das práticas da TQM. De um modo geral, a revisão da literatura mostra que se registaram grandes avanços neste contexto. No entanto, é ainda necessário lançar luz sobre certas áreas inexploradas dos factores contextuais. Estudos futuros podem abranger estas questões, promovendo os tópicos e a exploração efectiva. Todos estes avanços tornarão a ferramenta mais variada e útil em vários domínios e aplicações globais.

CAPÍTULO 4

Gestão da Qualidade Total e Desempenho Organizacional

Como referem Kanji, Kritensen e Dahlgaard (1992), nos últimos anos, muitas empresas tentaram avaliar e integrar novas ideias nos seus procedimentos de qualidade. É interessante notar que, pela primeira vez, os gestores de topo comunicaram explicitamente o seu entusiasmo pela qualidade. Associaram a qualidade à rentabilidade, às necessidades dos consumidores e ao baixo custo. O desenvolvimento e a execução de estratégias de qualidade requerem mudanças fundamentais na cultura e no comportamento organizacionais e, por conseguinte, só podem ser realizados através de uma liderança ativa por parte da gestão de topo. De facto, as caraterísticas da estratégia de qualidade de uma organização podem ser categorizadas em quatro dimensões básicas diferentes. Estas são a melhoria, o cliente, o facto e o envolvimento. Sem uma compreensão adequada dos aspectos mencionados, a "variabilidade do processo", a "capacidade do processo", a "psicologia humana", as necessidades das pessoas e dos clientes e a liderança necessária não podem ser alcançadas.

A TQM é descrita como um arranjo coletivo e interligado de práticas de qualidade que está relacionado com o desempenho da empresa e a lealdade do consumidor. A TQM é como um roteiro que conduz ao desempenho organizacional e à satisfação do cliente (Choi & Eboch, 1998; Samson & Terziovski, 1999; Cua, McKone, & Schroeder, 2001). No entanto, (Dow, Samson, e Ford, 1999) lamentaram a ausência de uma análise em grande escala que abrangesse as práticas de gestão da qualidade e o desempenho organizacional. Existem quatro territórios de práticas de gestão dentro da estrutura TQM para avaliar: administração da qualidade do processo, gestão de RH, planeamento da qualidade, e dados e investigação (Choi e Eboch, 1998). Algumas de todas as categorias de práticas de TQM, ou seja, liderança, gestão e orientação para o cliente, prevêem de alguma forma a excelência operacional. Os factores comportamentais, por exemplo, o empenhamento de um executivo, a atribuição de poderes aos trabalhadores e uma cultura bastante aberta podem cultivar a vantagem competitiva com mais firmeza do que as práticas e ferramentas da TQM, como a melhoria dos processos, a avaliação comparativa e os dados e análises. A TQM tem sido uma intercessão bem conhecida em todo o mundo, mas especialmente nas nações industrializadas (Samson & Terziovski, 1999). A gestão de processos e a gestão de projectos são dois componentes críticos da TQM (Ahire e Dreyfus, 2000).

Os esforços de gestão do processo e da conceção têm um efeito positivo equivalente nos resultados da qualidade interna, por exemplo, refugo, refazer, deformações, desempenho e resultados da qualidade externa, tais como garantias, acções judiciais e quota de mercado. Alguns cientistas sublinham a garantia da qualidade e a gestão da qualidade do processo como um meio para alcançar uma elevada qualidade de fabrico (Ahire & Dreyfus, 2000). O desempenho financeiro é o indicador mais essencial do desempenho organizacional a ser medido, apesar de se recomendar a utilização de várias medidas de desempenho dos métodos contabilísticos convencionais (Sinclair e Zairi, 2000).

TQM, JIT e TPM têm objectivos centrais comparáveis de melhorias contínuas e eliminação de desperdícios. Em conjunto, o desempenho da TQM, do JIT e do TPM formam uma gama completa e fiável de práticas de fabrico coordenadas para um melhor desempenho (Cua, McKone e Schroeder, 2001). Tal como indicado por Cue, McCone e Schroeder (2001), a gestão de processos, a conceção de produtos, a gestão das relações com os fornecedores, a gestão da qualidade, a participação dos clientes, o feedback dos clientes, a liderança, a participação dos trabalhadores e a formação são nove práticas que são regularmente especificadas como uma caraterística de um programa TQM. Uma prova distintiva de nove medidas que são maioritariamente referidas como entrega JIT, incorporando a redução do tempo de preparação, a geração de um quadro de puxar, a entrega JIT pelo fornecedor, a disposição do equipamento funcional, a adesão ao plano diário, o compromisso da liderança, o planeamento estratégico, a formação das equipas interfuncionais e a inclusão dos trabalhadores. A definição de TQM e de qualidade tem vindo a ser discutida há muito tempo pelos gurus e especialistas da gestão da qualidade, o que levou ao desenvolvimento de várias definições. No entanto, ainda não existe um acordo universal sobre estas definições (Sila e Ebrahimpour, 2003). Tal como indicado por Kaynak (2003), a TQM pode ser caracterizada como uma racionalidade de gestão holística que enfatiza a melhoria contínua em todas as áreas da empresa, e pode ser realizada apenas se a ideia de qualidade total for utilizada desde a aquisição dos recursos até à gestão da relação com o cliente após a venda. Para além disso, (Kaynak, 2003) explorou as medidas de desempenho das empresas pertinentes para a TQM, ou seja, o desempenho monetário e de mercado e a execução da qualidade. A maioria das práticas de TQM são identificadas com um ou outro tipo de melhoria do desempenho.

De acordo com Evans, (2004) a classificação dos Resultados Empresariais reuniu as medidas de desempenho em cinco classificações dignas de nota, ou seja, monetária e de mercado, do consumidor, do desempenho dos fornecedores, dos recursos humanos e da eficácia da organização. De acordo com Rahman e Bullock, (2005) a escrita da TQM propõe que a TQM dura afecta profundamente o desempenho organizacional. Os elementos não-técnicos da TQM, como os "factores humanos", que incorporam a responsabilidade e a colaboração, contribuem para o desempenho da organização. A utilização de dispositivos duros de TQM tende a ser mais significativa nas organizações que empregam técnicas para aumentar o empenhamento das partes interessadas e fundir as perspectivas dos trabalhadores no processo de tomada de decisões. Muitas das componentes da TQM são orientadas para os indivíduos e incorporam práticas como a colaboração em equipa, a capacitação dos trabalhadores e a participação na tomada de decisões (Sila, 2007). Muitos componentes da TQM são orientados para os indivíduos e incorporam práticas como a colaboração em equipa, o envolvimento dos trabalhadores e a participação na tomada de decisões (Sila, 2007). A gestão da qualidade total (GQT) tem sido utilizada como um método para melhorar o desempenho e as actividades das organizações (Tari', Molina, e Castejon, 2007).

Atualmente, a gestão da qualidade é uma missão geralmente reconhecida por muitas organizações. No final da década de 1980 e em meados da década de 1990, algumas actividades de gestão da qualidade, por exemplo, a "gestão da qualidade total", tinham uma componente de moda. Atualmente, acredita-se que as práticas subjacentes à GQ são básicas e necessárias para a eficácia da gestão e a sobrevivência das empresas (Nair, 2006).

Existem dois tipos de práticas de GQ: a GQ de enquadramento incorpora o empenhamento da gestão superior, o CRM, a relação com os fornecedores e a gestão dos empregados; e a GQ de base inclui a informação sobre o valor, o item/benefício, a gestão do processo e a conceção do produto (Zu, 2009). A GQ central promove especificamente um melhor desempenho da qualidade e a GQ de base contribui para o desempenho da qualidade, apoiando a GQ central (Zu, 2009).

Historicamente, foi apenas há dois séculos que as pessoas começaram a analisar a rendibilidade, embora os custos e a qualidade sejam praticados há milhares de anos (Kanji, Kristensen e Dahlgaard, 1992). É difícil determinar a data de nascimento correta da gestão da qualidade (Dow, Samson e Ford, 1999). Tem havido pouca investigação experimental sobre as ligações entre as medidas não-monitórias relacionadas com o desempenho da empresa, em particular nos quadros de medição utilizados na realidade e ainda menos nas métricas baseadas na TQM (Sinclair e Zairi, 2000). Desde a década de 1980, tem havido um aumento do conhecimento e da utilização de práticas relacionadas com a Gestão da Qualidade Total (TQM), Just-in-Time (JIT) e Manutenção Produtiva Total (TPM). Em todo o caso, não tem havido um exame atento das práticas normais e notáveis relacionadas com estes projectos (Cua, McKone, e Schroeder, 2001). No entanto, uma parte dos estudos anteriores não encontrou qualquer relação entre a TQM e as medidas relacionadas com o mercado e com o dinheiro. Não existe qualquer relação entre o envolvimento dos trabalhadores, a liderança e as equipas de qualidade e as medidas financeiras, como o retorno dos activos (ROA), o retorno do investimento (ROI) e a quota de mercado. Uma parte dos exames alternativos não revelou ligações entre a TQM e os resultados monetários (Sila, 2007).

Exames anteriores esclarecem que, se reconhecermos que o "cliente é rei", uma medida definitiva do desempenho organizacional deve ser a satisfação do consumidor, que pode prever o sucesso ou o fracasso futuro de uma empresa. No entanto, uma parte dos muitos sistemas de mercado amplamente utilizados são as análises de correio, os inquéritos a terceiros, os relatórios de entrada, as entrevistas, o relatório de estudo autónomo, a quota do mercado total, as queixas e o crescimento global do mercado, etc. A relação entre rendibilidade e qualidade ainda não é amplamente percebida e reconhecida pela gestão de empresas específicas (Kanji, Kristensen e Dahlgaard, 1992). Algumas organizações notáveis, que estavam a sofrer um decréscimo nas suas fortunas, tiveram uma excelente renovação, restabeleceram a sua quota de mercado e tornaram-se rentáveis graças à TQM. São elas a Ford, a Harley Davidson e a Xerox (Samson e Terziovski, 1999). No entanto, há muitas empresas que não conseguem refletir os seus esforços na excelência empresarial ou operacional para uma implementação bem sucedida da TQM. Consequentemente, existe atualmente uma insatisfação ilimitada com a TQM, e muitos afirmam que "a bolha de ar rebentou". A formação em qualidade, por exemplo, a utilização de ferramentas de qualidade, a gestão e a formação dos trabalhadores, é muito benéfica para alcançar níveis superiores de conceção de produtos e de melhoria de processos (Ahire & Dreyfus, 2000). Muita literatura baseia-se na forma como os parâmetros científicos de desempenho, como a produtividade, tomam forma em ambientes mais específicos, por exemplo, no fabrico JIT (Sinclair & Zairi, 2000). A congruência entre todos os sistemas de medição do desempenho é muito importante para obter uma imagem real do desempenho efetivo.

Uma parte crítica da realização da TQM é a medida em que os princípios da TQM foram implementados de forma holística; a retórica que a engloba e o facto de se considerar que a TQM está presente na organização não são adequados para o progresso (Douglas e JR., 2001). A utilização frutuosa da TQM requer uma mudança convincente na forma como a organização está a funcionar, e é praticamente difícil mudar a cultura de uma organização sem ter em vigor um sistema de comunicação de banda larga, esforços de todo o coração por parte da gestão, concentrando-se na melhoria contínua e na colaboração ao longo de toda a cadeia de valor. (Kaynak, 2003).

Surge uma lacuna nos exames anteriores; algumas empresas imaginam erradamente que adoptaram a abordagem da gestão da qualidade total, quando os seus programas apenas incorporam componentes de controlo e garantia da qualidade. Lamentavelmente, estas empresas estão ainda a ensaiar um significado limitado de qualidade e a perder absolutamente a capacidade competitiva dos princípios de qualidade e do pensamento da gestão da qualidade total (Kanji, Kristensen e Dahlgaard, 1992). Alguns investigadores defendem que a TQM não tem muito a ver com os resultados reais da melhoria do desempenho e alguns consideram a TQM uma moda passageira que vai desaparecer mais cedo ou mais tarde (Choi e Eboch, 1998). Os gestores que praticam a TQM têm sérias dúvidas quanto à utilidade de procedimentos de qualidade mais rigorosos, que incluem, entre outros, tecnologias de fabrico avançadas, equipas baseadas em células e marcação de benching. Estas práticas podem ter alguns benefícios honestos; no entanto, os gestores devem ser cautelosos quanto à sua adoção, basicamente devido a casos não confirmados de vantagens sinérgicas (Dow, Samson, & Ford, 1999).

Existem cinco sentimentos de apreensão que constituem barreiras à utilização de medidas de desempenho não monetárias, ou seja, o medo da perda, o medo do desconhecido, o medo do poder, o medo da falta de capacidade de lidar com a situação, o medo da perda do emprego e, eventualmente, o medo da perda da face (Sinclair e

Zairi, 2000). A ausência de iniciativas de formação, a falta de colaboração de vários departamentos, a resistência à mudança cultural e a confusão entre o sistema e os subsistemas de fabrico são os problemas mais frequentemente citados, que dificultam a implementação de programas de fabrico numa organização (Cua, McKone e Schroeder, 2001). Alguns investigadores defendem que o problema reside na incapacidade de implementar todas as práticas fundamentais da TQM de forma holística ou na falta de recursos correlativos que devem ser combinados com a TQM para alcançar a vantagem competitiva no mercado (Douglas & JR., 2001).

A direção tem uma posição de liderança complicada na execução da TQM. É extremamente difícil melhorar as operações de uma empresa sem uma força de trabalho muito bem preparada. A razão mais possível e emergente para o fracasso da implementação da TQM em várias organizações parece ser a ausência de apoio e de empenhamento da gestão de topo (Kaynak, 2003). O estudo do desempenho de uma empresa é o critério mais exigente e o pré-requisito para a implementação da GQT (Evans, 2004). A execução da GQT torna-se um fracasso, devido à incapacidade de perceber que cada organização, e cada condição, é única (Nair, 2006). Um objetivo provável por detrás de uma parte da utilização mal sucedida da TQM é a probabilidade de a TQM estar dependente de factores contextuais, tais como a localização e a dimensão da organização e o seu âmbito operacional (Sila, 2007). No entanto, fazer a progressão para a TQM foi substancialmente mais problemático, uma vez que havia uma grande confusão sobre os segmentos da TQM e a forma como poderiam ser executados.

Isto deveu-se ao facto de a TQM ser algo abstrata e não ter regras claras sobre as suas implementações (Fotopoulos & Psomas, 2009).

Investigações anteriores revelaram resultados contraditórios no que respeita à influência das diversas práticas de GQ, em particular, as práticas de GQ essenciais e as práticas de GQ enquadradas no desempenho (Zu, 2009). Algumas relações negativas e frágeis da TQM com os resultados de desempenho da empresa representam as práticas de TQM, ou seja, o planeamento estratégico, o foco nos RH, a análise de dados, a liderança, a gestão de processos e o conflito de papéis (Teh, Yong, Arumugam e Ooi, 2009). O conflito de papéis contribuiu com a maior disparidade extraordinária para a ansiedade, mais do que qualquer outro stress de papéis, por exemplo, sobrecarga quantitativa, clareza de papéis e subcarga qualitativa. Tal como indicado por Ortiz, Benito e Galende (2009), o avanço da tecnologia pode constituir uma fonte de vantagem competitiva. No entanto, tanto do ponto de vista hipotético como do ponto de vista da observação, a relação entre o avanço tecnológico e a GQT parece complexa e, na maioria das vezes, contraditória. A ligação entre o avanço tecnológico e a TQM envolve uma relação frágil e até negativa quando se considera a TQM rígida, mas uma relação positiva e sólida para as práticas de TQM flexível. No entanto, o problema desta clarificação reside no facto de a TQM ser, em geral, declarada como uma filosofia integral, um "pacote" de diretrizes que não separa a TQM rígida e a TQM flexível no momento da sua implementação (Ortiz, Benito e Galende, 2009). De acordo com Sadikoglu e Zehir (2010), não existem provas empíricas que mostrem o efeito das práticas de TQM no desempenho dos trabalhadores ou que mostrem a influência da realização do trabalhador no desempenho organizacional. A orientação para a aprendizagem das organizações de serviços não oferece grandes hipóteses de alcançar um desempenho superior no mercado (Lam, Lee, Ooi e Lin, 2011). A sinergia entre a orientação para a aprendizagem, a TQM e o desempenho de mercado é muito reduzida. Por outro lado, o desempenho de mercado e financeiro está negativamente relacionado com as práticas de gestão ambiental da empresa. No entanto, o impacto negativo das práticas de gestão ambiental, no mercado e no desempenho financeiro pode ser consideravelmente reduzido através da melhoria do desempenho ambiental (Yang, Hong, & Modi, 2011).

Um exame crítico demonstra que, com um objetivo final específico de criar qualidade como uma questão-chave, é necessária uma redefinição do conceito, que avalia a sua parte emergente como uma arma agressiva fixada nas necessidades do cliente (Kanji, Kristensen e Dahlgaard, 1992). O processo de melhoria consistente é a prova reconhecível das áreas de melhoria e da designação de activos (Kanji, Kristensen, e Dahlgaard, 1992). O objetivo das empresas deve ser o de melhorar sempre as suas ofertas ao mercado (Choi e Eboch, 1998). As normas e os métodos de gestão da qualidade são atualmente uma parte muito reconhecida da "caixa de ferramentas" de praticamente todos os gestores (Dow, Samson e Ford, 1999). As empresas que recebem um elemento de gestão da qualidade, por exemplo, a focalização nos clientes, irão provavelmente utilizar outros elementos, por exemplo, o benchmarking ou os círculos de qualidade (Dow, Samson, & Ford, 1999).

Os critérios dos prémios de qualidade são a estratégia mais utilizada para organizar os componentes da TQM. A liderança incorporou a produção de gestão ambiental, utilizando as ideias provenientes dos operadores ao nível do piso para a melhoria contínua, o movimento de mudança e a unidade de raciocínio. A gestão dos trabalhadores, orientada para a comunicação, formação e educação, desenvolvimento, multitarefas e flexibilidade dos trabalhadores, papéis e responsabilidades dos trabalhadores e métricas de satisfação no trabalho dos trabalhadores (Dow, Samson e Ford, 1999). Os esforços de conceção e desenvolvimento incluem trabalho de longo curso nos bastidores, enquanto a gestão dos processos está normalmente na parte da frente e é geralmente mais percetível, mas de natureza tática (Ahire e Dreyfus, 2000). O forte impulsionador da melhoria contínua é, sem dúvida, a medição (Sinclair e Zairi, 2000). Existe um conjunto diversificado de práticas que são mais apropriadas para melhorar determinados parâmetros de desempenho, em todo o caso, cada uma destas configurações inclui trabalhos que têm lugar em cada um dos três projectos e incorpora práticas empresariais de base técnica e social (Cua, McKone e Schroeder, 2001). As empresas que adoptam a TQM adquirem, de facto, vantagens estratégicas sobre as empresas que não acreditam na filosofia TQM (Douglas e JR., 2001).

Os principais componentes críticos de uma implementação frutuosa da TQM incluem uma organização aberta, a responsabilização dos trabalhadores, o empenho e a liderança da gestão de topo e também contêm os factores indirectos, como o impacto da proximidade dos fornecedores, no desempenho monetário (Kaynak, 2003). É de salientar que as organizações tendem a obter uma pontuação elevada nos parâmetros financeiros, de clientes e de desempenho se possuírem um sistema de medição do desempenho maduro e atualizado (Evans, 2004). As melhorias relacionadas com o desempenho podem resultar de uma sinergia inigualável entre o JIT ou a TQM e os objectivos orientados para o desempenho e as recompensas centradas no desempenho (Maksoud, Dugdale e Luther, 2005). A TQM suave consiste em, mas não se limita a, elementos como o planeamento estratégico da qualidade, a liderança e as práticas de recursos humanos, enquanto as componentes duras da TQM têm, na realidade, grande influência no desempenho da empresa (Rahman e Bullock, 2005). Alguns defensores da GQ declaram que, em vez de considerar os factores contextuais como uma fonte fundamental de recursos e limitações, a GQ deve ter em conta uma "organização sem fronteiras" (Nair, 2006). A melhoria da qualidade é o resultado tanto da GQ das infra-estruturas como das práticas fundamentais da gestão da qualidade. É vital que as organizações atribuam recursos para estabelecer os dois tipos de práticas de GQ, tendo em mente o objetivo final de realizar a adequação de todas as práticas de gestão da qualidade (Zu, 2009). As práticas ambientais e as práticas de "fabrico enxuto" são sinérgicas, no que diz respeito à sua atenção na diminuição do desperdício e do esbanjamento. No entanto, o "Lean Manufacturing", de forma independente, não será capaz de melhorar o desempenho da empresa, tendo em conta que existe um potencial de conflito entre as práticas de "Lean Manufacturing" e os objectivos de desempenho ambiental (Yang, Hong, & Modi, 2011).

Em termos teóricos, de acordo com Kanji, Kristensen e Dahlgaard (1992), as ramificações da formação e da educação para a qualidade tornam-se partes imperativas dos procedimentos da organização, tal como a definição de objectivos e a avaliação de programas entre departamentos. A importância das práticas, como as relações com os fornecedores, a utilização de equipas, a avaliação comparativa, os sistemas avançados de fabrico e a educação, depende enormemente da definição de GQ que se adopta (Dow, Samson e Ford, 1999). É de salientar que a quantidade e a qualidade da informação disponível para os gestores das empresas influenciam diretamente o desempenho da empresa. As necessidades, desejos e exigências do mercado devem dar origem às medidas de desempenho e devem refletir-se como KPIs na estratégia global da empresa (Sinclair e Zairi, 2000). As infra-estruturas de qualidade normalmente alargam a importância da gestão de processos entre departamentos e da conceção de produtos. Além disso, sublinham a inclusão de clientes, trabalhadores e fornecedores para fornecer bens e serviços de qualidade ao mercado (Cua, McKone e Schroeder, 2001). É óbvio que os investigadores que participam na investigação sobre TQM devem centrar-se em numerosas questões de conceção da investigação, caso pretendam chegar a conclusões hipoteticamente estáveis (Kaynak, 2003). As organizações, por exemplo, que executam a TQM e estão inscritas na ISO 9000, são susceptíveis de ter um melhor desempenho do que as organizações que não executam a TQM ou não estão inscritas na ISO (Sila, 2007). O conflito de papéis pode ser contido a níveis médios através da apresentação de mudanças auxiliares nas empresas. Para gerir o conflito de papéis, a mudança do ambiente de trabalho é uma abordagem básica para gerir o conflito de papéis, de modo a eliminá-lo completamente ou a reduzi-lo (Teh, Yong, Arumugam, & Ooi, 2009).

Na prática, uma forma vital de lidar com a qualidade tem ramificações imperativas para a política da organização. Por exemplo, a ênfase na capacidade técnica deve ser complementada por uma compreensão mais alargada do papel da qualidade na abordagem estratégica da empresa (Kanji, Kristensen e Dahlgaard, 1992). Sete práticas específicas - educação e formação com base na GQT, filosofia da qualidade, gestão de topo, apoio, envolvimento da equipa, gestão por factos, procura incessante de melhorias e mudanças centradas no cliente - parecem funcionar como um quadro coordenado (Douglas e JR., 2001). As ramificações críticas para os gestores são instá-los a considerar o investimento em tempo e outros recursos importantes para atualizar os programas holísticos de TQM para um desempenho excelente. O controlo viável dos componentes "soft" deve ser mantido pelos componentes "hard" da TQM (Fotopoulos e Psomas, 2009). Os supervisores podem descobrir na TQM, nas práticas de GRH, um aparelho para melhorar e promover as capacidades de inovação e o desempenho (Ortiz, Benito, & Galende, 2009).

Em jeito de conclusão, esta análise crítica incorpora conhecimentos e compromissos para os investigadores da GQ e para os gestores em exercício. Muitas organizações estão a incorporar a qualidade como um ingrediente-chave no seu processo de planeamento estratégico. O trabalho inventivo é fundamental para o avanço comum das práticas de gestão e estas devem incorporar equipas, colaboração, estruturas de equipas interligadas, envolvimento e capacitação das equipas, equipas de projeto e estruturas de equipas interligadas, etc. Se um número excessivo de práticas desnecessárias for anexado a um plano geral de melhoria da qualidade, isso pode confundir os indivíduos e, ao mesmo tempo, prejudicar o apoio necessário para a implementação do programa geral destinado a melhorar o desempenho da organização. Para obter resultados de qualidade predominantes, as empresas precisam de ajustar os seus esforços de administração de planos e processos e continuar com a execução a longo prazo desses esforços. A viabilidade da gestão da qualidade total depende da capacidade da empresa para manter um equilíbrio correto entre a aprendizagem e o controlo. A gestão da qualidade total, legitimamente executada e consolidada com o desempenho da organização, pode ser um meio que permite às empresas manterem-se progressivamente em sintonia com o seu meio envolvente de uma forma orientada e competitiva. A empresa não pode escolher apenas uma parte dos elementos da TQM acima mencionados e esperar reconhecer todas as vantagens da implementação de uma TQM incompleta.

A liderança e a iniciativa da gestão de topo, a gestão das relações com os fornecedores, o planeamento estratégico da qualidade, o enfoque no cliente, a garantia da qualidade, o controlo da qualidade, os dados e a análise, o controlo dos processos, a melhoria contínua, a colaboração em equipa, a satisfação dos trabalhadores, as práticas de gestão de recursos humanos, a conceção e o desenvolvimento de produtos, o benchmarking, a responsabilidade social e a capacitação dos trabalhadores foram os factores TQM mais importantes que influenciam o desempenho das empresas. As componentes suaves da TQM influenciam os factores de melhoria contínua, que por sua vez influenciam três medidas de desempenho, por exemplo, a rentabilidade, a satisfação dos clientes, a visão partilhada e a relação com os vendedores influenciam três das quatro componentes duras da TQM (utilização de normas JIT, utilização da inovação e da tecnologia e influências consistentes de mudança). Assim, cada um destes componentes influencia a medida de rentabilidade do desempenho. As realizações mais importantes na execução das práticas de TQM nas empresas foram a expansão da quota de mercado, a redução dos preços, o aumento dos lucros, a melhoria da qualidade, o cumprimento do trabalho, o cumprimento dos prazos com facilidade, a melhoria da satisfação no trabalho, a diminuição dos conflitos, a redução dos defeitos e, por fim, a satisfação do cliente.

CAPÍTULO 5

Análise dos modelos e quadros de atribuição de prémios TQM

De acordo com Winn & Cameron (1998), "qualidade é um termo utilizado para se referir tanto a um resultado final, como a um preditor de um resultado final nas organizações". Quase toda a literatura académica anterior a meados da década de 1980, e grande parte dela desde então, tratava a qualidade como um indicador da eficácia organizacional, ou seja, a medida em que a própria organização reflecte princípios e práticas de qualidade. Sete das definições de qualidade mais frequentes nas organizações incluíam a "definição transcendente, baseada no produto, baseada no utilizador, baseada no fabrico, baseada no valor, baseada no sistema e cultural".

Oakland (2005) referiu que, nas empresas dos sectores público e privado de todo o mundo, o ritmo do progresso continua a acelerar à medida que estas enfrentam o teste da rivalidade crescente e a procura de um melhor desempenho. Durante as duas últimas décadas, as empresas depararam-se com uma época de mudanças extraordinárias nas suas actividades comerciais e nos mercados. A rivalidade global e local fez com que muitas empresas se confrontassem com um ambiente externo inexoravelmente turbulento e ameaçador. A rivalidade entre as empresas tornou-se mais feroz e moderna, os clientes tornaram-se poderosos e, por conseguinte, exigentes, e o ritmo do avanço tecnológico acelerou (Oakland, 2005). Por conseguinte, várias empresas adoptaram uma série de metodologias de melhoramento e quadros de atribuição de prémios de qualidade como reação a estes factores.

A TQM é frequentemente considerada como uma "estrela cadente", uma vez que a TQM teve problemas em estar, para todos os efeitos, ligada às organizações. Em todo o caso, argumenta-se que não se trata de uma oportunidade para julgar se a TQM fracassou ou foi bem sucedida. O objetivo fundamental por detrás desta linha de pensamento é o facto de ter havido uma evolução na filosofia da TQM (Dale, Zairi,

Wiele e Williams, 2000; Kim, Kumar e Murphy, 2008; Kim, Kumar e Murphy, 2010). Como indicado por Bou-Llusar J., Escrig-Tena, Roca-Puig e Beltran-Martin (2009), a gestão da qualidade total (TQM) é uma forma de lidar com a gestão, abrangendo tanto parâmetros técnicos como sociais, para alcançar resultados brilhantes, que devem ser incorporados através de um sistema particular. Hoje em dia, os modelos de prémios de qualidade, por exemplo, o Modelo de Excelência da Fundação Europeia para a Gestão da Qualidade (EFQM), o Prémio Nacional de Qualidade Malcolm Baldrige (MBNQA) e as normas ISO9000, o prémio seis sigma e Deming (DP), e a consideração lean, são utilizados como manual para a execução da TQM por um grande número de empresas. Desde a década de 1990, a maioria das empresas tem utilizado os modelos de apoio aos prémios de qualidade, por exemplo, o Modelo do Prémio Nacional de Qualidade Malcolm Baldrige (MBNQA) nos EUA, o Prémio Europeu de Qualidade (Modelo de Excelência EFQM) na Europa e o Prémio Deming (Modelo DP) no Japão, como estrutura para a realização de actividades TQM. Numerosos investigadores consideraram os modelos de qualidade como estruturas operacionais para a TQM (Bou-Llusar J. , Escrig-Tena, Roca-Puig, e Beltran-Martin, 2009). Os modelos à luz dos prémios de qualidade, tendo em conta os seus ingredientes significativos, podem ser vistos como sistemas substanciais para a TQM, que também se enquadram na definição de TQM

De acordo com Dijkstra (1997), o sistema EFQM é um complexo heurístico de ideias e pensamentos relativos a uma ligação geral entre resultados empresariais e liderança. O manual EFQM é um aparelho de autoavaliação excecional. Os dois principais objectivos deste aparelho são a participação no concurso do Prémio Europeu da Qualidade e a avaliação e melhoria da qualidade interna. O primeiro quadro EFQM inclui cinco domínios de agentes facilitadores e quatro domínios de resultados. Os domínios dos agentes facilitadores são a estratégia, a política, os processos e os recursos, a liderança e a gestão dos recursos humanos. Os domínios dos resultados são a satisfação dos clientes, a satisfação dos indivíduos (trabalhadores), os resultados da empresa e a influência na sociedade (Dijkstra, 1997; Eskildsen, Kristensen e Johl, 1998-2001; Eskildsen e Dahlgaard, 2000; Oakland, 2005; Mora, Leal e Roldan, 2006; Dahlgaard-Park e Dahlgaard, 2007; Kim, Kumar e Murphy, 2008; Bou-Llusar J., Escrig-Tena, Roca-Puig, e Beltran-Martin, 2009; Kim, Kumar, e Murphy, 2010). O modelo EFQM pode ser utilizado de várias formas. Pode ser utilizado como um instrumento de autoavaliação, como uma abordagem de benchmarking em relação a diferentes empresas, como a razão para um vocabulário típico e uma mentalidade, uma estrutura para o sistema de gestão da empresa e como um manual para identificar áreas de melhoria (Kim, Kumar e Murphy, 2008).

O sistema MBNQA é composto por sete medidas-chave, que mostram que procedimentos, estratégias e resultados estão relacionados com uma empresa de qualidade. Sete elementos-chave, que incluem liderança, dados e análise da qualidade, gestão da qualidade dos processos, centro e satisfação do cliente, formação e desenvolvimento dos RH e planeamento estratégico da qualidade (Winn e Cameron, 1998; Flynn e Saladin, 2001; Oakland, 2005). O Modelo de Excelência Empresarial da Fundação Europeia para a Gestão da Qualidade (EFQM) é amplamente entendido como um agente para melhorar a gestão convencional da qualidade total (TQM), ampliando o conceito míope de qualidade para uma filosofia de gestão abrangente (Kim, Kumar, & Murphy, 2010).

O Malcolm Baldrige National Quality Award passou de um método de perceção e promoção de excelentes práticas de gestão da qualidade para uma estrutura completa de desempenho de classe mundial, geralmente utilizada como modelo de desenvolvimento (Flynn e Saladin, 2001). Tal como indicado por Burgess (1999), as normas retratam condições e caraterísticas retratáveis que são "inspeccionáveis". A norma (ISO 9001/2) é atualmente considerada mais como uma ferramenta de marketing do que como um instrumento de qualidade. As normas são utilizadas por três razões muito extraordinárias, ou seja, para encorajar o conhecimento comum, para permitir certificações e para ajudar organizações individuais em tarefas específicas. (Burgess, 1999). De acordo com Conti T., (1999), o processo de normalização foi criado através de um confronto correto entre todos os indivíduos investidos, ou seja, empresas compradoras, rivalidade industrial e delegados da comunidade. De acordo com Evans (2004), as duas estruturas mais persuasivas para a medição do desempenho da organização são os critérios Malcolm Baldrige para a excelência do desempenho e o balanced score card. O Malcolm Baldrige Criteria for Performance Excellence apresenta uma estrutura comparativa, mas de certa forma única, como o balanced scorecard. A categoria de resultados empresariais reuniu as medidas de desempenho em cinco classificações dignas de nota, ou seja, mercado e finanças, recursos humanos, desempenho de fornecedores e parceiros, excelência organizacional e clientes. De acordo com Oakland (2005), o Prémio Deming no Japão foi o primeiro sistema formal de atribuição de prémios de qualidade. As perspectivas de análise incluem: iniciativa e liderança da administração de topo, estruturas TQM, práticas de RH, utilização de dados e métodos científicos, garantia e sistemas de qualidade, cumprimento dos objectivos e valores e conceitos da empresa. Um modelo estratégico de qualidade comparativamente novo (o modelo "4P") para alcançar a excelência organizacional (OE) é uma consequência da construção do brilhantismo nos "4P" que o acompanham - parceria, processos, produtos e pessoas (Dahlgaard-Park e Dahlgaard, 2007).

Historicamente, algumas nações estavam especialmente dispostas a supervisionar a normalização como um fator fundamental para o desenvolvimento social e financeiro. O que acontece é que, do ponto de vista interno, as normas eram elementos críticos para o crescimento das economias nacionais. Do ponto de vista global, revelaram-se frequentemente um obstáculo ao comércio livre, levantando fronteiras defensivas. A ISO 9000 surgiu da necessidade de justificar as questões de qualidade em relações juridicamente vinculativas entre empresas (ou entre organizações) (Conti T., 1999). A qualidade exemplar foi reavivada nos EUA sob outra nova pretensão, outro novo nome - desta vez não é excelência, mas sim seis sigma (Dale, Zairi, Wiele, & Williams, 2000).

Uma das lacunas em exames anteriores mostra que um dos verdadeiros obstáculos aos exames empíricos da qualidade nas empresas é a dificuldade em caraterizar corretamente o que é a qualidade (Winn e Cameron, 1998). A maior parte dos problemas de qualidade e dos obstáculos não se deve a questões de capacidade ou de motivação dos trabalhadores, mas sim a defeitos na forma como os processos são organizados (Winn e Cameron, 1998). A questão do quadro de qualidade ou das especificações de garantia da qualidade foi abandonada, não por não ter valor, mas antes pelo facto de ser vista como uma condição prévia para a rivalidade em matéria de qualidade (Conti T., 1999). O Modelo de Excelência da EFQM não seria excecionalmente útil como dispositivo para compreender os elementos que permitem produzir trabalhadores satisfeitos e motivados (Eskildsen e Dahlgaard , 2000). Os problemas com os padrões do modelo podem ser devidos a padrões imprudentes da forma funcional da relação, à consideração ou evitação de determinadas variáveis independentes ou a erros na estimativa das variáveis (Flynn, Schroederb & Sakakibara, 1994).

Embora os modelos de prémios forneçam infra-estruturas para compreender a excelência e a qualidade, a sua natureza não prescritiva torna-os insatisfatórios para ultrapassar o fosso da qualidade - não são modelos de utilização (Oakland, 2005). Um processo de autoavaliação em relação a estes sistemas permite conhecer as insuficiências das influências facilitadoras da associação e as fissuras do desempenho genuíno, mas não dá orientações específicas sobre as melhores práticas e não revela como ligar esses pontos. O desequilíbrio em que a medição humana é menosprezada, enquanto os instrumentos e sistemas são organizados em procedimentos de execução, pode ser um dos factores determinantes fundamentais das decepções da TQM. O resultado disso é a deceção com a implementação, bem como o empenho dos indivíduos, que pode não ser reforçado pelo facto de a melhoria e o desenvolvimento dos indivíduos estarem longe de ser alcançados (Dahlgaard-Park & Dahlgaard, 2007).

Os exames empíricos do passado demonstram que a gestão da qualidade é vista pela primeira vez como uma componente da abordagem incorporada conhecida como "fabrico de classe mundial". A análise da qualidade em relação ao "fabrico de classe mundial" constrói os seus limites em relação a diferentes metodologias, por exemplo, HRM, JIT, etc. A abordagem de fabrico de classe mundial proporciona a vantagem competitiva (Flynn, Schroederb, & Sakakibara, 1994).

A utilização de modelos de gestão abrangentes, por exemplo, o modelo de excelência EFQM, afecta positivamente a execução empresarial (Eskildsen, Kristensen e Johl, 1998-2001). Não foi feita praticamente nenhuma exploração sobre a estrutura de peso, o que é problemático em relação à utilização do modelo, uma vez que levanta a questão de saber se é um bom augúrio contrastar as organizações com uma estrutura de peso auto-afirmativa, o que nunca foi exatamente tentado (Eskildsen, Kristensen e Johl, 1998-2001). A ausência de sucesso da TQM não se deve à ideia, mas sim à forma como foi introduzida numa empresa e utilizada pelos supervisores. É chocante o número de erros básicos cometidos pelos gestores de topo e pelos seus consultores em relação a questões como, por exemplo, correspondência, comunicação, métricas de resolução de problemas, fundação, grupo e empreendimentos, contribuição, pensamento crítico e estimativa (Dale, Zairi, Wiele e Williams, 2000). A utilização de modelos de gestão abrangentes, por exemplo, o modelo de excelência EFQM, demonstra influenciar positivamente a execução empresarial. No entanto, há algumas partes do modelo de excelência EFQM que devem ser inspeccionadas com um objetivo específico de tornar o modelo mais útil como dispositivo de autoavaliação (Eskildsen, Kristensen e Juhl, 2001). Investigações anteriores sobre a estrutura casual do modelo de excelência EFQM demonstraram que os critérios dos agentes capacitadores estão ligados entre si numa estrutura excecionalmente complexa, tornando extremamente difícil a perceção entre eles (Eskildsen, Kristensen, e Juhl, 2001). Os dados e a análise da qualidade têm um efeito sólido e positivo no planeamento da qualidade vital e na gestão da qualidade e dos processos. Os resultados são influenciados pela GRH e pela gestão de processos

(Rho, Lee e Lee, 2003). A disposição dos critérios do agente capacitador é enfaticamente identificada com o conjunto de critérios de resultados e, com exceção dos critérios de abordagem e procedimento, todas as influências capacitadoras e critérios de resultados no Modelo de Excelência da EFQM assumem um compromisso crítico com esta relação (Bou-Llusar J. C., Escrig-Tena, Roca-Puig, & Martin, 2005).

A comparação dos modelos mostra que os prémios de qualidade têm sido utilizados por numerosas associações, quer como instrumento de avaliação dos seus progressos no sentido da receção da TQM, quer para concorrer ao prémio específico a que se destinam (Yusof e Aspinwall, 2000). Os modelos baseados em prémios, quando utilizados por empresas privadas como estrutura de execução, seriam excessivamente confusos, alargados e incluiriam uma linguagem com a qual muitos gestores de empresas independentes podem não estar bem familiarizados (Yusof e Aspinwall, 2000). Os elementos relacionados com a cultura são essenciais para a execução da TQM, uma vez que, para além do estabelecimento de um quadro de qualidade, é necessária uma cultura de qualidade para apoiar a prática (Khoo e Tan, 2003). As associações empresariais japonesas e americanas revelam contrastes diferentes na sua forma de lidar com a atualização da TQM. As ideias comuns encontradas na MBNQA e na JQA são as obrigações sociais, a formação representativa, a forte concentração no cliente e a mudança persistente (Khoo e Tan, 2003). A utilização da TQM nas maiores empresas sauditas ainda tem potencial de desenvolvimento, uma vez que cerca de 40% destas empresas estão a executar a TQM (AL-Harkan, 2007). A dimensão da empresa, a natureza da clientela e a posse da ISO 9000, bem como as potenciais vantagens que podem advir da sua utilização, estão relacionadas com a perceção da realização da TQM (AL-Harkan, 2007). De acordo com Kumar (2007), o Prémio Deming destina-se a ajudar uma empresa a subir na via da qualidade, exigindo uma "consulta prévia à candidatura", enquanto o MBNQA prevê que uma empresa inicie a sua excursão para a TQM definindo o seu perfil de empresa através de uma "autoavaliação".

A análise crítica mostra que deve ser criado um sistema de execução sólido antes da implementação real, para garantir uma adoção eficaz da TQM em qualquer empresa (Yusof e Aspinwall, 2000). Perante a imagem da "estrela cadente", a EFQM, no seu modelo de excelência, tem vindo a eliminar continuamente as referências à qualidade e à TQM (Dale, Zairi, Wiele e Williams, 2000). Mais de 600.000 organizações afirmaram desde que as normas foram apresentadas (contando com as maiores organizações e os seus fornecedores), as melhorias devem ser muito difundidas (Conti T., 2004). A ISO 9000 revelou-se uma verdadeira dádiva e um caso claro das vantagens que podem advir das normas, na medida em que estas se referem a reacções auspiciosas a requisitos genuínos (Conti T., 1999)

De acordo com AL-Harkan (2007), existem quatro prémios de qualidade dignos de nota: As normas ISO 9000, o Prémio Nacional de Qualidade Malcolm Baldrige (MBNQA), a Fundação Europeia para a Gestão da Qualidade (EFQM) e o Prémio Deming. Estes prémios retratam três factores que levaram muitas nações ocidentais a atribuir prémios de qualidade. Esses componentes são: a qualidade é um grande defensor da supremacia competitiva; a avaliação comparativa e a autoavaliação são procedimentos fundamentais para melhorar o desempenho; e a obtenção do prémio Deming no Japão. Os prémios de qualidade foram analisados à luz dos seguintes elementos: classes de aplicação, estrutura fundamental, critérios de exame, metodologia de aplicação, estratégias de pontuação, vantagens, pontos fracos e efeitos dos prémios. Tal como indicado por Kumar (2007), em cada um dos modelos, a lealdade do consumidor, a satisfação do trabalhador e a satisfação da comunidade são sublinhadas. No entanto, os critérios variam quanto ao que entendem por sete zonas de qualidade - vendedores, iniciativa, clientes, planeamento, trabalhadores, resultados e processos. Para o PD, o exame de uma empresa é conduzido sob "critérios de avaliação" e "critérios de julgamento". O MBNQA avalia uma empresa com base numa única medida adicional de uma pontuação composta. Com exceção da liderança, todos os outros critérios do MBNQA estão reflectidos nos critérios das "categorias de base" do

PD. O PD discute o zelo do gestor relativamente à TQM. O MBNQA e o PD mantêm uma referência; o MBNQA é muito competitivo na sua abordagem, uma vez que apenas duas empresas em cada classe podem obter a certificação (Kumar, 2007). A abordagem de autoavaliação proposta por consultores ou diferentes especialistas preparados como avaliadores EFQM é frequentemente uma abordagem baseada em prémios, independentemente da possibilidade de as organizações necessitarem de uma abordagem significativamente distinta (Dahlgaard-Park e Dahlgaard, 2007). A abordagem correta para a execução muda em função do atual nível de desenvolvimento da organização e da cultura hierárquica existente (Dahlgaard-Park e Dahlgaard, 2007). Uma questão digna de nota em relação aos diferentes modelos de excelência e às práticas de gestão destes modelos é o facto de os indivíduos continuarem a decifrar estes modelos a partir de uma visão mecanicista e positivista. A elevada percentagem de insucesso na execução dos modelos de TQM e de excelência está, em todo o caso, relacionada com esta questão (Dahlgaard-Park e Dahlgaard, 2007).

Hipoteticamente, se a TQM tiver de ser "concebida e construída", será necessário um quadro geral e uma estrutura de execução, a que se alude como um sistema, para efetuar esses exercícios pertinentes e essenciais (Yusof e Aspinwall, 2000). A estrutura organizacional é vista como um ponto de vista que merece uma reflexão pormenorizada antes de ser utilizada. Uma estrutura mais simples parece contribuir para uma utilização eficaz da excelência empresarial, tal como uma estrutura menos formalizada no que diz respeito aos princípios compostos e à supervisão (Bauer, Falshaw e Oakland, 2005). A empresa deve ser proactiva na sua capacidade de inovação, fabrico ágil e personalização em massa e, além disso, desenvolver uma cultura orientada para o cliente e ter a capacidade de oferecer o artigo certo no local oportuno, no momento perfeito e ao preço correto (Calvo-Mora, 2005)

Essencialmente, os gestores devem construir uma base sólida para a gestão da qualidade, tendo em vista a iniciativa, os dados e a investigação. Uma boa gestão dos processos é imperativa tanto para o desempenho da qualidade como para o prazer do consumidor. A gestão de recursos humanos é igualmente imperativa para o prazer do consumidor, tal como o desempenho de qualidade para o planeamento estratégico (Flynn e Saladin, 2001). Do ponto de vista do profissional, as práticas de qualidade requerem melhores ligações entre a iniciativa da administração de topo e os quadros de qualidade, e entre a QI&A e os quadros de qualidade (Rho, Lee, e Lee, 2003). Há necessidade de melhores formas de lidar com a investigação dos resultados do desempenho e a necessidade de fundir técnicas estatísticas mais complexas e comparações de concorrentes e benchmarking nos formulários de inquérito ao desempenho das empresas (Evans, 2004). Os gestores devem ajustar as práticas técnicas e sociais no que diz respeito a uma atividade de TQM, uma vez que os esforços centrados numa ou em algumas questões seriam menos convincentes (Bou-Llusar J. , Escrig-Tena, Roca-Puig, e Beltran-Martin, 2009).

Em conclusão, as tácticas de implementação inadequadas da TQM são talvez a explicação mais incessante para o fracasso. Devem ser feitos esforços mais proeminentes para desenvolver estratégias de qualidade realmente frutuosas, com o objetivo de que as nações em desenvolvimento possam perceber o que é adequado para circunstâncias específicas. O sucesso das empresas depende não só da adoção de programas de qualidade essenciais (orientação para o mercado, planeamento estratégico, orientação para o cliente), mas também de programas de qualidade suplementares (gestão de processos e RH). São criadas várias metodologias para encontrar uma abordagem superior para melhorar as práticas de qualidade e para atualizar os diversos sistemas de gestão da qualidade, por exemplo, os prémios de qualidade, a TQM, os instrumentos e os aparelhos são produzidos para quantificar os factores de sucesso desses quadros de gestão da qualidade. A associação e a satisfação dos trabalhadores são os factores mais importantes para uma melhoria consistente e para encantar os clientes na gestão da qualidade total mais estabelecida. O gestor deve concentrar-se em três factores básicos de execução da qualidade: iniciativas de liderança, que são as mais críticas, administração de processos e dados e investigação.

As empresas com quadros de avaliação do desempenho mais desenvolvidos apresentam melhores resultados em termos de desempenho monetário, dos clientes e do mercado. Mais tarde, os modelos de prémios de qualidade devem ser utilizados mais como um modelo de controlo empresarial/administrativo, em que o ponto principal são as melhorias e não uma aplicação de prémios. Nestas condições, o modelo é considerado extraordinário em comparação com outros modelos de controlo de gestão, que podem certamente ajudar as organizações a melhorar o desempenho monetário e a competitividade. No caso de os modelos TQM poderem ser alinhados com as actividades que estão a ocorrer numa empresa, então provavelmente serão integrados na empresa e, consequentemente, ajudarão a uma execução viável. A TQM é bem sucedida apenas com a participação dos trabalhadores no procedimento TQM e com o seu sentido de dever em relação aos seus objectivos. Todos os esforços devem ser feitos para incluir todos os trabalhadores da empresa, da forma mais completa possível, nas actividades de melhoria contínua, na inclusão dos trabalhadores e na utilização do trabalho em equipa.

CAPÍTULO 6

Análise das normas ISO 9000 e do seu impacto na TQM

Qualidade significa encantar os compradores, e não simplesmente protegê-los de perturbações (Gravin, 1987). Oito medidas básicas ou classificações de qualidade que podem ser utilizadas como sistema de análise estratégica incluem a durabilidade, a qualidade percebida, a capacidade de serviço, a conformidade, a fiabilidade, as caraterísticas, o desempenho e a estética (Gravin, 1987). Apenas 50 organizações alcançaram uma qualidade de classe mundial na década de 1980 (Andrews, 1994). Os pensamentos que estão na base da TQM são enganosamente básicos. A TQM não é uma fórmula para obter um rendimento de qualidade, mas sim uma lógica de gestão das empresas e é, deste modo, um manual para a procura incessante de uma melhoria contínua (Bradley, 1994).

A certificação ISO 9000 raramente é vista como um meio de marketing (Quazi e Padibjo, 1997), mas sim como a razão de ser da gestão da qualidade, uma vez que tende a definir e atualizar um quadro de gestão que produz produtos estáveis com parâmetros de qualidade específicos (Rao e Ragu-Nathan, 1997). As normas da série ISO 9000 são úteis e muito mais claras e menos complexas do que as da TQM. É surpreendente o facto de numerosas associações terem iniciado as suas viagens pela qualidade procurando a acreditação das normas de gestão da qualidade da série ISO 9000 (Wiele, Dale e Williams, 1997). A disseminação das normas ISO 9000 segue o seu próprio curso particular em várias nações (Wiele et al., 2009). A ISO 9000 tem sido descrita por muitos como um dos métodos através dos quais uma empresa pode compreender a TQM (Williams, 1997). A TQM pode ser caracterizada como uma filosofia de gestão abrangente que procura, de forma persistente, aumentar a lealdade do consumidor e, incessantemente, distinguir e eliminar etapas que não acrescentam valor aos processos da empresa (Williams, 1997; Ho S. K., 1999).

Os aspectos mais importantes, que constituem a TQM, incluem o compromisso da gestão de topo, a gestão de pessoas, a mentalidade dos trabalhadores, a conduta dos trabalhadores, a gestão das relações com os clientes, a gestão das relações com os fornecedores, as especificações da conceção dos produtos e o fluxo dos processos (Martinez-Lorente e Martinez-Costa, 2004; Feng, Terziovski e Samson, 2008). A série ISO 9000 formalizou os quadros de avaliação da capacidade de qualquer empresa para conceber, desenvolver e transmitir de forma persistente bens e serviços de qualidade (Curkovic e Pagell, 1999). O sistema ISO 9000 é, de facto, composto por cinco normas distintas, ou seja, ISO 9000, ISO 9001, ISO 9002, ISO 9003 e ISO 9004 (Curkovic e Pagell, 1999; Gotzamani K. D., 2005). O novo grupo de normas ISO 9000 foi reduzido em tamanho e tem apenas três membros normativos, ou seja, ISO 9000:2000, ISO 9001:2000 e ISO 9004:2000 (Gotzamani K. D., 2005).

Verificou-se que existiam alguns impedimentos para que a TQM e a reengenharia pudessem produzir um processo bastante melhorado para competir num domínio que nunca mais existe. Os programas de TQM e de reengenharia não abordam frequentemente a forma como os procedimentos básicos interagem. Os esforços de TQM e de reengenharia concentram-se regularmente na revisão dos processos empresariais e ignoram os processos de gestão (TQM, 1995). Existem alguns obstáculos à utilização bem sucedida da TQM, em particular, a clara ausência de experiência e informação empresarial, e o confinamento de recursos monetários e humanos (Quazi e Padibjo, 1997; Chow-Chua, Goh, e Wan, 2003; Martinez-Lorente e Martinez-Costa, 2004; Sampaio, Saraiva, e Rodrigues, 2009; Burcher, Lee, e Waddell, 2010). Um dos contrastes fundamentais entre o arranjo de medidas da ISO 9000 e a TQM tem a ver com o processo em vez da substância (Wiele, Dale e Williams, 1997). As empresas americanas estão confusas de que a inscrição na ISO 9000 é o pequeno conjunto e pré-requisito para um programa TQM. Estudos que analisaram basicamente a ISO 9000 confirmaram que os critérios são, de facto, um subconjunto dos pré-requisitos para a plena execução de um programa TQM (Curkovic e Pagell, 1999).

Investigações comparativas de algumas nações e, além disso, evidentes a partir da experiência do desenvolvimento da TQM japonesa, há uma exigência de uma abordagem bem ordenada em relação à TQM (Ho S. K., 1999). Uma razão provável para a falta de poder da marca na China é o seu centro B2B. Construir o reconhecimento da marca é significativamente mais difícil para as empresas B2B do que para as organizações B2C (Meyer e Shen, 2010). Os pioneiros das maiores e mais rápidas organizações em desenvolvimento da Índia adoptam uma abordagem interna concentrada, uma visão de longo prazo e colocam mais ênfase na contratação, motivação, formação e desenvolvimento dos trabalhadores e mantêm este motivo mais elevado em comparação com o valor para o acionista, que considera de curto prazo (Cappelli, Singh, Singh e Useem, 2010). O único método afirmativo para aumentar o valor para o acionista é criar expectativas sobre o desempenho futuro da empresa (Martin, 2010). As empresas devem considerar como o seu processo de aquisição e manutenção de talentos contribui para a questão (Carter & Silva, 2010).

Investigações empíricas anteriores demonstram que a ISO 9000 exige que todas as pessoas da organização conheçam e compreendam a abordagem da qualidade e o seu empenhamento na sua concretização (Bradley, 1994). A ISO 9000 divide-se inequivocamente em três áreas, a saber, a operação dos principais processos, o controlo dos processos e a gestão (Bradley, 1994). Existe uma lacuna no desenvolvimento da qualidade entre o nível de certificação ISO 9000 e os prémios de qualidade. Esta lacuna pode ser ultrapassada através de diferentes exercícios, identificados com a utilização da autoavaliação em relação a um modelo de prémio de qualidade (Wiele, Dale e Williams, 1997). Para algumas empresas, a execução da ISO 9000 não assinala verdadeiramente o início da aventura em direção à TQM. Para algumas empresas, implica essencialmente "nada de novo" (Williams, 1997). As despesas e as questões de execução, por exemplo, o tempo e a ausência de controlo, foram também reacções negativas da ISO 9000 (Curkovic e Pagell, 1999; Martinez-Lorente e Martinez-Costa, 2004; Casadesus e Karapetrovic, 2005; Gotzamani K. D., 2005; (Burcher, Lee, e Waddell, 2010). A ISO 9000 nunca foi um substituto para a TQM. A ISO 9000 apenas encoraja as organizações a criar um quadro de gestão da qualidade, o que está muito longe de ser uma empresa de qualidade total (Sun, 1999). É importante uma mudança cultural para garantir um avanço frutuoso da versão de 1994 da ISO 9000, que depende de ideias de confirmação da qualidade para a gestão da qualidade (Laszlo, 2000).

Uma parte das principais armadilhas a evitar após a execução da ISO 9000 é a incapacidade de criar um sistema de monitorização suficiente, introduzir métodos e quadros de conformidade rigorosos e realizar auditorias administrativas do novo quadro (Chow-Chua, Goh e Wan, 2003; Gotzamani K. D., 2005). As organizações devem saber que a execução da ISO 9000, apenas para se tornarem conformes, não garante uma vantagem competitiva (Martinez-Costa e Martinez-Lorente, 2007). A falta de empenhamento dos trabalhadores e dos gestores é o problema mais específico com que as Pequenas e Médias Empresas (PME) se deparam na obtenção da acreditação ISO (Feng, Terziovski e Samson, 2008). A ISO 9000 quase não teve efeito no desempenho da organização (Martinez-Costa, Choi, Martinez e Martinez-Lorente, 2009). A ligação entre a organização e a certificação é complicada, mas as vantagens potenciais de tais empreendimentos são consideráveis (Masakure, Henson e Cranfield, 2009).

A análise crítica demonstra que o quadro de qualidade ISO 9000 deve ser alargado de modo a incorporar os processos de vendas e marketing. As métricas de execução dos processos devem ser alargadas e deve ser criada uma cultura de mudança persistente para melhorar. Todos os trabalhadores devem ser incentivados a interessar-se pelas melhorias através de grupos de projeto, círculos de qualidade, etc. Os trabalhadores têm de ter um bom desempenho nos processos (Bradley, 1994). As organizações acreditadas pela ISO 9000 apresentam maiores quantidades de melhoria dos recursos humanos, dados superiores e sistema de avaliação, resultados de qualidade, relacionamento com fornecedores, foco no cliente e planeamento estratégico da qualidade (Rao e Ragu-Nathan, 1997). A norma ISO 9000 analisa a adequação dos procedimentos normalizados, a auditoria de gestão de todo o sistema de gestão da qualidade (SGQ), a deteção e erradicação de defeitos, a eficácia da qualidade e as estruturas para acções preventivas e corretivas (Wiele, Dale e Williams, 1997; Chow-Chua, Goh e Wan, 2003; Srivastav, 2010). A série ISO 9000 de princípios de gestão da qualidade tem sido retratada por alguns como um "trampolim" para as empresas que as conduzem à TQM (Williams, 1997).

Apesar do seu reconhecimento universal de longo alcance, a ISO 9000 está envolta em debate e controvérsia (Curkovic e Pagell, 1999). Foi o cliente que desempenhou um papel fundamental na transformação da certificação ISO 9000 numa norma mundial. A razão fundamental pela qual as organizações obtêm a certificação ISO 9000 é o facto de os seus clientes a solicitarem (Curkovic e Pagell, 1999). Descobriu-se que a execução da ISO 9000, por si só, não contribui muito para a mudança de qualidade, ao passo que a combinação da TQM e da ISO 9000 é a que mais contribui (Sun, 1999). A ISO 9000 ganha popularidade sobretudo devido à expansão do comércio global e ao acesso a novos mercados globais (Sun, 1999). Os obstáculos à certificação ISO 9000 são o apoio da gestão de topo, o tempo de execução e a mudança de sistema (Withers e Ebrahimpour, 2000; Chow-Chua, Goh e Wan, 2003). Oito vantagens internas e oito vantagens externas decorrentes da atualização de um quadro de qualidade à luz da norma ISO 9000 incluem: redução de custos devido a menos desperdício, menos retrabalhos, uma vantagem competitiva, maior participação no mercado, qualidade superior percebida e maior eficiência operacional (Dick G. P., 2000).
O desenvolvimento e a acreditação de quadros de garantia da qualidade, de acordo com as diretrizes das normas ISO 9000, podem constituir um passo inicial decente para a iniciativa TQM (Gotzamani e Tsiotras, 2001; Srivastav, 2010). As empresas com

melhor desempenho têm uma propensão mais notável para procurar a acreditação ISO 9000 (Heras, Dick e Casadesus, 2002). A ISO 9000 pode ser executada em primeiro lugar para garantir a estabilidade e a consistência das operações da empresa e, posteriormente, a execução de práticas de TQM pode melhorar a eficiência operacional, a moral dos funcionários e atingir parâmetros holísticos de desempenho organizacional e sucesso (Magd e Curry, 2003). Os supervisores interpretam mal o papel da certificação ISO 9000, pois negligenciam o reconhecimento da conformidade e dos padrões de desempenho organizacional (Terziovski & Power, 2007).

A ISO 9000 centra-se na mudança dos procedimentos de trabalho de uma empresa, como forma de aumentar a eficiência e a qualidade (Benner e Veloso, 2008). As diretrizes do quadro de gestão da qualidade ISO tornaram-se uma maravilha laboriosa e em desenvolvimento (Dick, Heras e Casadesus, 2008). A inspiração para a confirmação da ISO 9000 é frequentemente motivada por razões externas, por exemplo, a supremacia do marketing, os desejos dos clientes e as forças competitivas, em vez de motivações internas, por exemplo, a melhoria da qualidade dos bens e serviços (Feng, Terziovski e Samson, 2008). Na última década, a normalização das práticas organizacionais através de modelos de enquadramento da gestão global acelerou a passos largos (Karapetrovic et al., 2010).

As três principais vantagens da utilização da ISO 9000 relevantes para a lealdade do consumidor são uma expansão da lealdade do consumidor, uma diminuição da quantidade de dissensões e também um declínio na quantidade de dissensões de produtos (Karapetrovic, Fa e Saizarbitoria, 2010). Regra geral, a acreditação ISO 9000 tinha sido criticada pela sua generalidade, pelo seu carácter supérfluo em relação à qualidade e pela sua natureza complicada, aspectos que são abordados nas normas ISO 9000:2000 reconsideradas (Gotzamani K. , 2010). A revisão interna da ISO 9000 pode ser um esforço de destaque entre os mais sólidos impulsores da melhoria contínua atualmente acessíveis (Hernandez, 2010). A nova ISO planeia ajudar as organizações a ultrapassar qualquer obstáculo entre a gestão da qualidade total e a garantia da qualidade, que constitui a maior parte do quadro de gestão da qualidade (Fotopoulos, Psomas, & Vouzas, 2010).

Hipoteticamente, a acreditação ISO 9000 constitui um trampolim para os ensaios TQM (Quazi e Padibjo, 1997). A série ISO 9000 não é igual a outras medidas de qualidade existentes atualmente no planeta, na medida em que cria quadros de garantia de qualidade abrangentes para tudo, desde a conceção de um artigo até à assistência pós-venda ao cliente após a venda do produto (Rao e Ragu-Nathan, 1997). As normas ISO 9001, 9002 e 9003 são normas de conformidade para quadros de garantia da qualidade e são relevantes para as ligações entre fornecedores e clientes. As ISO 9000 e 9004 são regras e identificam-se com o avanço dos quadros de qualidade dentro da organização (Curkovic e Pagell, 1999). Nas organizações em que existem estruturas sólidas de input dos clientes, os gestores de empresas e os trabalhadores da linha da frente começam a possuir a lealdade dos clientes da mesma forma que reivindicam os seus objectivos de incentivos, benefícios e quota de mercado (Markey, Reichheld, & Dullweber, 2009).

Na prática, uma vez reforçado o processo de TQM e de reengenharia, existe uma grande variedade de metodologias concebíveis, dependendo da ideia dos procedimentos, da cultura da organização e do estilo de gestão, da localização e dimensão da empresa e dos seus desejos competitivos (TQM, 1995). As organizações não devem ter pena de aplicar estratégias de qualidade e não devem sentir-se desiludidas com o contributo moderado das técnicas de qualidade na sua fase anterior de implementação. É igualmente recomendada como uma necessidade de melhoria constante (Sun, 1999). A obtenção da acreditação ISO 9000 não garante uma qualidade superior dos bens e serviços, mas confirma aos clientes que a empresa cumpriu uma norma global (Feng, Terziovski e Samson, 2008). Para os gestores, a implementação dos quadros de gestão da qualidade ISO 9000 pode ser alargada (desempenho comercial e operacional), se for bem planeada e executada e se as partes filosóficas da qualidade da empresa forem combinadas com a formação dos trabalhadores, revisões intermitentes, actividades corretivas e empenho a todos os níveis da empresa (Feng, Terziovski, & Samson, 2008).

Em conclusão, a TQM não é uma estratégia que possa ser actualizada de um dia para o outro e com pouco esforço. Os resultados da ISO 9000 são encontrados no que diz respeito à melhoria das comunicações entre os trabalhadores, redução de custos, diminuição do trabalho burocrático, plano e rendimento mais compostos, vantagem competitiva mais notável, acesso a mercados internacionais, menos críticas dos clientes, maior eficiência, uma força de trabalho mais bem preparada e maior confiança dos clientes. A ISO 9000 é, na melhor das hipóteses, uma estrutura para a garantia da qualidade; qualquer avanço para além deste ponto não pode ser apanhado dentro das expressões impressas de uma norma, mas deve ser preeminente no plano do gestor.

A verdadeira estima empresarial relacionada com a ISO 9000 deve ser alcançada quando se torna previsível com a direção estratégica de uma organização. Isto implica a utilização das medidas da ISO 9000 como um estabelecimento para uma estrutura substancialmente mais alargada, por exemplo, a TQM. Descobriu-se que a atualização da ISO 9000 por si só não contribuirá muito para a mudança de qualidade, enquanto que a combinação da ISO 9000 e da TQM contribuirá mais. A norma ISO 9000 permitiu melhorar os quadros de qualidade, a lealdade dos consumidores, a vantagem competitiva e a diminuição dos problemas de má qualidade. A acreditação ISO 9000 pode trazer benefícios consideráveis para a empresa, caso seja executada como parte de uma busca incessante de melhorias. A acreditação ISO 9000 leva à criação de sistemas, a relações de banda larga mais confiantes com os clientes e a deveres e compromissos bem definidos na empresa.

Bibliografia

Bou-Llusar, J., Escrig-Tena, A. B., Roca-Puig, V., & Beltran-Martin, I. (2009). Uma avaliação empírica do Modelo de Excelência EFQM: Avaliação como uma estrutura TQM em relação ao Modelo MBNQA. *Journal of Operations Management,* 1-22.

Burgess, N. (1999). Normas e TQM na abertura do século XXI. *The TQM Magazine,* 456-460.

Dahlgaard, J. J., Kristensen, K., Kanji, G. K., Juhl, H. J., & Sohal, A. S. (1998). Práticas de gestão da qualidade: um estudo comparativo entre o Oriente e o Ocidente. *International Journal of Quality & Reliability Management,* 812- 826.

Evans, J. R. (2004). An exploratory study of performance measurement systems and relationships with performance results. *Journal of Operations Management,* 219-232.

Feng, M., Terziovski, M., & Samson, D. (2008). Relationship of ISO 9001:2000 quality system certification with operational and business performance: A survey in Australia and New Zealand-based manufacturing and service companies. *Journal of Manufacturing Technology Management,* 22-37.

Kim, D. Y., Kumar, V., & Murphy, S. A. (2010). European Foundation for Quality Management Business Excellence Model. *International Journal of Quality & Reliability Management,* 684-701.

Lam, S. Y., Lee, V. H., Ooi, K. B., & Lin, B. (2011). A relação entre TQM, orientação para a aprendizagem e desempenho de mercado em organizações de serviços: uma análise empírica. *Total Quality Management & Business Excellence,* 1277-1297.

Masakure, O., Henson, S., & Cranfield, J. (2009). Standards and export performance in developing countries: Evidence from Pakistan. *The Journal of International Trade & Economic Development,* 395-419.

Reosekar, R. S., & Pohekar, S. D. (2014). Six Sigma methodology: a structured review. *International Journal of Lean Six Sigma,* 392-422.

Ahire, S. L., & Dreyfus, P. (2000). The impact of design management and process management on quality: an empirical investigation. *Journal Of Operations Mnagement,* 549-575.

Ahmad, M. B., & Yusof, S. M. (2010). Comparative study of TQM practices between Japanese and non-Japanese electrical and electronics companies in Malaysia:Survey results. *Taylor and Francis Total Quality Management,* 1120.

AL-Harkan, I. M. (2007). DESENVOLVIMENTO DE UMA METODOLOGIA PARA AVALIAR A IMPLEMENTAÇÃO DO TQM EM INDÚSTRIAS SAUDITAS SELECCIONADAS. *Actas da 37.ª Conferência Internacional sobre Computadores e Engenharia Industrial,* 1822-1832.

Andrews, B. (1994). Quality without Fanfare. *Harvard Business Review,* 160.

Bauer, J., Falshaw, R., & Oakland, J. S. (2005). Implementação do negócio Excelência. *Gestão da Qualidade Total,* 543-553.

Bednar, D. A., & Reeves, C. A. (1994). Defing quality: alternatives and implications. *academy of management journal,* 419-445.

Benner, M. J., & Veloso, F. M. (2008). Práticas ISO 9000 e desempenho financeiro: A technology coherence perspective. *Journal of Operations Management,* 611-629.

Boaden, R. J. (1996). Is total quality managetnent really unique? *Total Quality Management,* 553-570.

Bou-Llusar, J. C., Escrig-Tena, A. B., Roca-Puig, V., & Martin, I. B. (2005). Em que medida é que os factores de melhoria explicam os resultados do modelo de excelência EFQM? *International Journal of Quality & Reliability Management*, 337-353.

Bradley, M. (1994). Iniciando a Gestão da Qualidade Total a partir da ISO 9000. *The TQM Magazine*, 50-54.

Cappelli, P., Singh, H., Singh, J. V., & Useem, M. (2010). Leadership Lessons from India [Lições de liderança da Índia]. *Harvard Business Review*, 90-97.

Carter, N. M., & Silva, C. (2010). Uma nova forma de avaliar a remuneração e o desempenho. *Harvard Business Review*, 20-21.

Choi, T. Y., & Eboch, K. (1998). The TQM Paradox: Relations among TQM practices, plant performance, and customer satisfaction. *Journal of Operations Management*, 59-75.

Choi, T. Y., & Eboch, K. (1998). The TQM Paradox: Relations among TQM practices, plant performance, and customer satisfaction. *Journal Of Operations Management*, 59-75.

Coronado, R. B., & Antony, J. (2002). Factores críticos de sucesso para a implementação bem sucedida de projectos seis sigma nas organizações. *The TQM Magazine*, 92-99.

Corredor, P., & Goni, S. (2011). TQM e desempenho: Is the relationship so obvious? *Journal of Business Research*, 830-838.

Cua, K. O., McKone, K. E., & Schroeder, R. G. (2001). Relationships between implementation of TQM, JIT, and TPM and manufacturing performance. *Journal Of Operations Mangement*, 675-694.

Curkovic, S., & Pagell, M. (1999). A Critical Examination of the Ability of ISO 9000

Certification to Lead to a Competitive Advantage. *Journal Of Quality Management*, 51-67.

DAHLGAARD, J. J., KANJI, G. K., & KRISTENSEN, K. (1990). A comparative study of quality control methods and principles in Japan, Korea and methods and principles in Japan, Korea and Denmark. *GESTÃO DA QUALIDADE TOTAL, VOL. 1,NO. 1, 1990.*

Dale, B. G., Zairi, M., Wiele, A. W., & Williams, A. (2000). A qualidade está morta na Europa - Viva a excelência - Verdadeiro ou falso? *Measuring Business Excellence*, 4-10.

Dean, J. W., & Bowen, D. E. (1994). orgManagement Theory and Total Quality: Improving Research and Practice through TheoryDevelopment. *The Academy of management review*, 392-418.

Dick, G. P. (2000). Benefícios da certificação ISO 9000, realidade ou mito? *the TQM Magazine*, 365-371.

Dick, G. P., Heras, I., & Casadesus, M. (2008). Shedding light on causation between ISO 9001 and improved business performance. *International Journal of Operations & Production Management*, 687-708.

Duncan, R. B. (1972). Characteristics of Organizational Environments and Perceived Environmental Uncertainty. *Administrative Science Quarterly, Vol. 17, No. 3 (Sep., 1972)*, 313-327.

Evans, J. R. (2004). An exploratory study of performance measurement systems and relationships with performance results. *Journal Of Operations Management*, 219-232.

Fotopoulos, C. B., & Psomas, E. L. (2009). O impacto dos elementos "soft" e "hard" da TQM nos resultados da gestão da qualidade. *International Journal of Quality &*

Reliability Management, 150-163.

Fotopoulos, C. V., Psomas, E. L., & Vouzas, F. K. (2010). Investigating total quality management practice's inter-relationships in ISO 9001:2000 certified organisations. *Total Quality Management,* 503-515.

Galeazzo, A., & Klassen, R. D. (2015). Contexto organizacional e a implementação de práticas ambientais e sociais: quais são as ligações à estratégia de fabrico? *Journal of Cleaner Production,* 1-11.

Gotzamani, K. (2010). Resultados de uma investigação empírica sobre as áreas de melhoria previstas na norma ISO 9001:2000. *Total Quality Management,* 687-704.

Gravin, D. A. (1984). O que significa realmente "qualidade do produto"? *Academy of management review.*

Hackman, R. J., & Wageman, R. (1995). Total quality management: empirical, concetual and practical issues. *Administrative science quaterly,* 602-636.

Heras, I., Dick, G. P., & Casadesus, M. (2002). O impacto do registo ISO 9000 nas vendas e na rentabilidade. *International Journal of Quality and Reliability Management,* 774-791.

Hernandez, H. (2010). A auditoria da qualidade como fator de conformidade com as normas ISO 9001:2008. *The TQM Journal,* 454-466.

Ho, S. K. (1999). Change for the better via ISO 9000 and TQM. *Management Design,* 381-385.

Jayaram, J., Ahire, S. L., & Dreyfus, P. (2009). Contingency relationships of firm size, TQM duration, unionization, and industry context on TQM implementation-A focus on total effects. *Journal of Operations Management,* 345-356.

Karapetrovic, S., Fa, M. C., & Saizarbitoria, I. H. (2010). O que aconteceu com o brilho da ISO 9000? Um estudo de oito anos. *Total Quality Management*, 245-267.

Karuppusami, G., & Gandhinathan, R. (2006). Análise de Pareto dos factores críticos de sucesso da gestão da qualidade total. *The TQM Magazine*, 372-385.

Kaynak, H. (2003). The relationship between total quality management practices and their effects on firm performance. *Journal of Operations Management*, 405-435.

Khoo, H. H., & Tan, K. C. (2003). Gestão da qualidade nos EUA e no Japão: diferenças entre o MBNQA, o DP e o JQA. *The TQM Magazine*, 14-24.

Kim, D.-Y., Kumar, V., & Murphy, S. A. (2008). EUROPEAN FOUNDATION FOR QUALITY MANAGEMENT (EFQM) BUSINESS EXCELLENCE MODEL: A LITERATURE REVIEW AND FUTURE RESEARCH AGENDA. *ASAC*, 31-48.

Kumar, M. R. (2007). Comparação entre PD e MBNQA: convergência e divergência ao longo do tempo. *The TQM Magazine*, 245-258.

Lagrosen, S., & Lagrosen, Y. (2003). Quality configurations: a contingency approach to quality management. *International Journal of Quality & Reliability Management*, 759-773.

Lagrosen, Y., & Lagrosen, S. (2003). Mnagement of service quality- differences in values, practices and oucomes. *Managing service quality*, 370-381.

Lam, S.-Y., Lee, V.-H., Ooi, K.-B., & Lin, B. (2011). A relação entre TQM, orientação para a aprendizagem e desempenho de mercado em organizações de serviços: uma análise empírica. *Total Quality Management and Business Excellence*, 1277-1297.

Laszlo, G. P. (2000). Versão ISO 9000- 2000: implicações para candidatos e examinadores. *The TQM Magazine*, 336-339.

Lau, H. C., & Idris, M. A. (2001). A base suave dos factores críticos de sucesso na implementação da TQM na Malásia. *The TQM Magazine,* Volume 13 . Número 1 .51-60.

Magd, H., & Curry, A. (2003). ISO 9000 e TQM: São complementares ou contraditórias entre si? *The TQM Magazine*, 244-256.

Maksoud, A. A., Dugdale, D., & Luther, R. (2005). Non-financial performance measurement in manufacturing companies. *The British Accounting Review,* 261-297.

Markey, R., Reichheld, F., & Dullweber, A. (2009). Closing the customers feedback loop. *Harvard Business Review,* 43-47.

Martin, R. (2010). A era do capitalismo do cliente. *Harvard Business Review,* 5865.

Martinez-Costa, M., Choi, T. Y., Martinez, J. A., & Martinez-Lorente, A. R. (2009). ISO 9000/1994, ISO 9001/2000 e TQM: O debate sobre o desempenho revisitado. *Journal of Operations Management,* 495-511.

Meyer, E., & Shen, E. Y. (2010). China Myths, China Facts (Mitos da China, Factos da China). *Harvard Business Review,* 24.

Montes, F. L., Verdu' Jover, M. A., & Molina Fernandez, L. M. (2003). Factores que afectam a relação entre a gestão da qualidade total e o desempenho organizacional. *International Journal of Quality & Reliability Management,* 189-209.

Motwani, J. (2001). Factores críticos e medidas de desempenho da TQM. *The TQM Magazine*, Volume 13 . Número 4 . pp. 292-300.

Nair, A. (2006). Meta-analysis of the relationship between quality management practices and firm performance-implications for quality management theory development. *Journal Of Operaations Management,* 948-975.

Neely, A., Filippini, R., Forza, C., Vinelli, A., & Hii, J. (2001). A framework for analysing business performance, firm innovation and related contextual factors: perceptions of managers and policy makers in two European regions. *Integrated manufacturing Systems,* 114-124.

Nicholas, J. (2014). Hoshin kanri e factores críticos de sucesso na gestão da qualidade e produção lean. *Gestão da Qualidade Total e Excelência Empresarial,* 1-15.

Nwabueze, U. (2001). How the mighty have fallen: The naked truth about TQM. *Managerial Auditing Journal,* 504-513.

Oakland, J. (2005). Da Qualidade à Excelência no Século XXI. *Total Quality Management,* 1053-1060.

Ortiz, J. P., Benito, J. G., & Galende, J. (2009). O efeito interveniente da capacidade de inovação empresarial na relação entre a Gestão da Qualidade Total e a inovação tecnológica. *International Journal of Production Research,* 5087-5107.

Quazi, H. A., & Padibjo, S. R. (1997). A journey towards total quality management through ISO 9000 certification - a Singapore experience. *The TQM Magazine,* 364-371.

Rahman, S. u., & Bullock, P. (2005). Soft TQM,hard TQM,and organisational performance relationships: an empirical investigation. *The International Journal of Management Science,* 73-83.

Rao, S. S., & Ragu-Nathan, T. S. (1997). Does ISO 9000 have an effect on quality management practices? An international empirical study. *Total Quality Management,* 335-346.

Rho, B. H., Lee, S. M., & Lee, S. G. (2003). Impact of Malcolm Batdrige National Quality Award Criteria on organizational quality performance. *Internationall Journal ol Production Research,* 2003-2020.

Salaheldin, S. I. (2009). Factores críticos de sucesso para a implementação da TQM e o seu impacto no desempenho das PME. *International Journal of Productivity and Performance Management*, 215-237.

Samson, D., & Terziovski, M. (1999). A relação entre as práticas de gestão da qualidade total e o desempenho operacional. *Journal Of Operations Management*, 393-409.

Seetharaman, A., Sreenivasan, J., & Boon, L. P. (2006). Critical Success Factors of Total Quality Management (Factores críticos de sucesso da gestão da qualidade total). *Quality and Quantity*, 675-695.

SHARMA, B. (2006). Dimensões da Gestão da Qualidade, Factores Contextuais e Desempenho: An Empirical Investigation. *Taylor & Francis*, 1232-1244.

Sila, I. (2007). Examinar os efeitos dos factores contextuais na TQM e no desempenho através da lente das teorias organizacionais: um estudo empírico. *Journal of Operations Management*, 83-109.

Sila, I., & Ebrahimpour, M. (2003). Exame e comparação dos factores críticos da gestão da qualidade total (TQM) entre países. *International Journal Of Production Research*, 235-268.

Sinclair, D., & Zairi, M. (2000). Performance measurement: A critical Analysis of the Literature with respect to TQM. *International Journal Of Management Reviews*, 145-168.

Sitkin, S. B., Sutcliffe, K. M., & Schroeder, R. G. (1994). DISTINGUIR O CONTROLO DA APRENDIZAGEM NA GESTÃO DA QUALIDADE TOTAL: UMA PERSPECTIVA CONTINGENCIAL. *The Academy of Management Review, Vol. 19, No. 3, Edição Especial: "Total Quality"*, 537-564.

Sousa, R., & Voss, C. A. (2002). Quality management re-visited: a reflective review and agenda for future research. *Journal of operations management,* 91-109.

Sousa, R., & Voss, C. A. (2002). Quality management re-visited: a reflective review and agenda for future research. *Journal of Operations Management,* 91-109.

Sousa-Poza, A., Nystrom, H., & Wiebe, H. (2000). A cross-cultural study of the differing effects of corporate culture on TQM in three countries. *International Journal of Quality & Reliability Management,* 744-761.

Spencer, B. A. (1994). Modelos de organização e gestão da qualidade total: A comparison and critical evaluation. *The Academy of management review,* 446-471.

Sun, H. (1999). Os padrões de implementação da TQM versus ISO 9000 no início da década de 1990. *International Journal Of Quality and Reliability Management,* 201-214.

Tan, J. J. (2005). Componentes de uma gestão da qualidade total bem sucedida. *The TQM Magazine,* 182-194.

Tan', J. J., Molina, J. F., & Castejon, J. L. (2007). A relação entre as práticas de gestão da qualidade e os seus efeitos nos resultados da qualidade. *Jornal Europeu de Investigação Operacional,* 483-501.

Teh, P.-L., Yong, C.-C., Arumugam, V., & Ooi, K.-B. (2009). Does total quality management reduce employees' role conflict? *Industrial Management & Data Systems,* 1118-1136.

Terziovski, M., & Power, D. (2007). Aumentando os benefícios da certificação ISO 9000: uma abordagem de melhoria contínua. *International Journal of Quality & Reliability Management,* 141-163.

TQM. (1995). Para além da gestão da qualidade total e da reengenharia. *Harvard Business Review,* 80-81.

Wiele, A. v., Dale, B. G., & Williams, A. (1997). Registo da série ISO 9000 para a gestão da qualidade total: o percurso de transformação. *International Journal Of Quality Science,* 236-252.

Wilkinson, & Wilmott. (1995). Qualidade total, fazendo perguntas críticas. *Academy of management review.*

Wilkinson, A., & Wilmott, H. (1996). Gestão da qualidade, problemas e armadilhas: uma perspetiva crítica. *Revista internacional de gestão da qualidade e da fiabilidade,* 55-65.

Williams, N. (1997). A ISO 9000 como via para as médias empresas: serpente ou escada? *The TQM Magazine,* 8-13.

Winn, B. A., & Cameron, K. S. (1998). Organizational Quality: An Examination of the Malcolm Baldrige National Quality Framework. *Research in Higher Education,* 491-513.

Yang, M., Hong, P., & Modi, S. B. (2011). Impact of lean manufacturing and environmental management on business performance:An empirical study of manufacturing firms. *Int. J.ProductionEconomics,* 251-261.

Yong, J., & Wilkinson, A. (1999). The state of total quality management: a review. *The International Journal of Human Resource Management,* 137-161.

Yusof, S. M., & Aspinwall, E. (2000). Total quality management implementation frameworks: comparison and review. *Total Quality Management,* 281-294.

Zbaracki, M. J. (1998). The Rhetoric and Reality of Total Quality Mnagement (A retórica e a realidade da gestão da qualidade total). *Administrative science quaterly,* 602-636.

Zhanga, D., Linderman, K., & Schroederc, R. G. (2012). O papel moderador dos factores contextuais nas práticas de gestão da qualidade. *Journal Of operations management*, 12-23.

Zhao, X., Yeung, A. C., & Lee, T. S. (2004). Gestão da qualidade e contexto organizacional em indústrias de serviços selecionadas da China. *Journal of Operations Management*, 425-442.

Zu, X. (2009). Infra-estruturas e práticas fundamentais de gestão da qualidade: como afectam a qualidade? *International Journal of Quality & Reliability Management*, 129-149.

Zu, X., Robbins, T. L., & Fredendall, L. D. (2009). International Journal Of Production Economics. *Mapping the critical links between organizational culture and TQM/SixSigma practices*, 1-21.

Zu, X., Robbins, T. L., & Fredendall, L. D. (2009). Mapeamento das ligações críticas entre a cultura organizacional e as práticas TQM/Six Sigma. *Int. J. Production Economics*.

Printed by Books on Demand GmbH, Norderstedt / Germany